단계별로 실력을 키워가는

うきうき
우키우키
일본어

上

단계별로 실력을 키워 가는
new 우키우키 일본어 上

지은이 강경자
감수자 온즈카 치요(恩塚千代)
펴낸이 임상진
펴낸곳 (주)넥서스

초판 1쇄 발행 2006년 7월 15일
초판 39쇄 발행 2015년 9월 15일

2판 1쇄 발행 2016년 3월 25일
2판 29쇄 발행 2024년 8월 20일

출판신고 1992년 4월 3일 제311-2002-2호
주소 10880 경기도 파주시 지목로 5
전화 (02)330-5500 팩스 (02)330-5555

ISBN 979-11-5752-705-2 14730
(SET) 979-11-5752-704-5 14730

본 책은 『new 우키우키 일본어 STEP 1』과
『new 우키우키 일본어 STEP 2』를 합본한 것입니다.

이 도서의 국립중앙도서관 출판예정도서목록(CIP)은
서지정보유통지원시스템 홈페이지(http://seoji.nl.go.kr)와
국가자료공동목록시스템(http://www.nl.go.kr/kolisnet)에서 이용하실 수 있습니다.
(CIP제어번호 : CIP2016008140)

www.nexusbook.com

단계별로 실력을 키워가는

NEW

うきうき
우　키　우　키

일본어 上

강경자 지음 · 온즈카 치요 감수

넥서스 JAPANESE

첫머리에

어떻게 하면 쉽고 재미있게 일본어를 배울 수 있을까? 어떻게 하면 어디서든 인정받을 만한 완벽한 일본어 실력을 갖출 수 있을까? 현재 일본어를 배우고 있는 학습자나 앞으로 배우고자 하는 사람들에겐 영원한 숙제와도 같은 질문일 것입니다.

필자는 온·오프라인을 통해 오랫동안 일본어를 가르쳐 오면서 역시 이와 비슷한 의문을 가지고 있었습니다. 어떻게 하면 쉽고 재미있게 일본어를 가르쳐줄 수 있을까? 문법을 기초부터 탄탄하게 다져주면서 네이티브 같은 회화 감각을 길러주고, 게다가 어떤 표현도 자신있게 말할 수 있는 풍부한 어휘와 한자 실력까지 갖추도록 도와주고 싶은 마음이 간절하였습니다.

요즘은 예전에 비해서 좋은 교재들이 많이 출간되었고 여러 학원이나 학교에서 검증된 교재를 채택하여 사용하고 있지만, 막상 일본어를 학습하거나 가르치기 위해 좋은 책을 추천해 달라는 부탁을 받으면 고민하게 되는 것이 사실입니다. 왜냐하면 나름대로의 장점을 가지고 있는 일본어 교재는 많이 있지만, 완벽하게 일본어 학습상의 필요를 충족시켜 주는 체계적인 교재는 별로 없기 때문입니다.

일본어는 한국어와 여러 면에서 비슷한 언어 특성상 다른 언어에 비해 보다 쉽게 배울 수 있음에도, 효과적으로 일본어를 배우거나 가르칠 수 있는 교재는 많지 않았습니다. 예를 들어 회화는 연습이 중요한데, 간단한 문형 연습이 있는 교재는 많아도 기초 문법을 활용하여 실제 회화 연습을 할 수 있는 교재는 거의 없었습니다. 또한 일본어 학습자들이 가장 어려워하는 한자의 경우, 한자를 차근차근 익힐 수 있도록 한 교재는 참 드물었습니다. 더구나 요즘에는 쉽고 편한 길을 좋아하는 사람들의 심리를 이용하여 몇 마디 표현만 그때그때 익히도록 하는 흥미 위주의 교재도 눈에 많이 띄었습니다.

이러한 현실 속에서 조금이나마 일본어 학습과 교육에 도움이 되고자 하는 바람에서 이 책을 쓰게 되었습니다. 교재가 완성되어 가는 과정을 보면서 역시 부족한 점이 눈에 띄고 아쉬움이 많이 남지만, 기초 문법을 탄탄히 다지면서 실전 회화 감각을 익힐 수 있는 학습자들을 배려한 최고의 교재임을 자부합니다.

아무쪼록 이 교재가 일본어를 가르치거나 배우는 모든 분들에게 참으로 유익한 책이 되길 간절히 바라며, 끝으로 이 책이 출판되기까지 애써 주신 넥서스저패니즈의 여러 관계자 분들께 감사드립니다.

강경자

추천의 글

본 『우키우키 일본어』 시리즈는 주로 일본어 학원에서 쓰일 것을 염두에 두고 만들어졌으며, 등장인물은 회사원으로 설정되어 있다. 따라서, 각 과의 회화문은 대학 수업용으로 만들어진 교과서에 자주 나오는 학생과 학교 활동이 중심이 된 회화가 아닌, 일반적이고 보편적인 내용으로 구성되어 있다. 그래서 회사원은 물론이고 학생, 주부에 이르기까지 일본어를 처음 배우는 사람이 실제로 쓸 수 있는 표현을 단시간에 몸에 익힐 수 있도록 되어 있다.

본 교재는 기본적으로는 문형과 표현을 중심으로 명사문, 형용사문(い형용사·な형용사), 동사문과 기초 문법에 따라 차례대로 학습해 가도록 구성되어 있고, 각 과별로 다양한 장면을 설정한 연습문제와 FUN&TALK라는 자유로운 형식의 회화 연습문제도 있다. 즉, 일방적인 전달식 강의용 교재가 아니라 적극적으로 회화에 참가할 수 있도록 배려하여 강사의 교재 활용에 따라 수업 활동을 더욱 활발하게 전개시킬 수 있을 것이다.

또한, 본 교재의 특징으로 회화 안에서 사용되고 있는 어휘가 실제로 일본에서 쓰이고 있는 일상용어라는 점에 주목하고 싶다. 원래 교과서에서는 '휴대전화(携帯電話)'나 '디지털카메라(デジタルカメラ)'와 같은 생략되지 않은 사전 표제어 같은 형태가 제시되는 것이 기본이지만, 본 교재는 학습자가 일본인이 실제로 회화에서 쓰는 말을 알고 싶어하는 요구를 반영하여 'ケータイ', 'デジカメ'와 같은 준말 형태의 외래어(가타카나어)를 제시하였다.

이 교재만의 두드러지는 특징 가운데 또 하나는 일본어 초급 교재에서는 잘 볼 수 없는 한자와 외래어(가타카나어) 쓰기 연습이 제공되고 있다는 점이다. 한국어를 모국어로 하는 학습자는 비교적 일본어 학습 능력이 뛰어나다고 할 수 있으나 한자나 가타카나 표기가 서투르거나 잘 모르는 경우가 많다. 수업 중에 짬짬이 이러한 표기법이나 한자의 의미 등을 접할 기회를 고려하고 있는 점이 본 교재의 새롭고 뛰어난 점이라고 말할 수 있을 것이다.

덧붙여, 각 과마다 재미있는 삽화를 넣어 학습자가 학습 내용을 보다 쉽게 이해하고, 학습 의욕을 불러일으킬 수 있도록 하였다.

이처럼 다양한 학습상의 배려가 돋보이는 교재라는 점을 고려하여 많은 학원과 학교에서 쓰이기를 권한다.

恩塚 千代

구성과 특징

Dialogue

일상생활에서 흔히 접할 수 있는 주제를 중심으로 한 실제 회화로 이루어져 있습니다. 이 본문 회화에는 우리가 반드시 알아야할 기초 문법과 어휘가 들어 있어서 자연스럽게 어휘, 문법, 회화를 동시에 익힐 수 있습니다. 무엇보다 처음 접하는 본문의 어려움을 최소화하기 위해서 본문 내용을 만화로 보여줌으로써 보다 재미있고 쉽게 공부할 수 있도록 배려하였습니다.

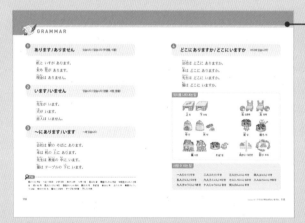

Grammar

문법과 문형 파트에선 Dialogue에 나온 기초 문법을 보다 더 체계적이고 꼼꼼하게 학습할 수 있도록 예문을 제시하되 중요 문법인 경우 각 품사별 문형을 보여줌으로써 정확한 문법의 이해를 돕고 있습니다. 새로운 단어의 경우 어휘 풀이를 넣어 스스로 예문을 해석할 수 있도록 하였습니다.

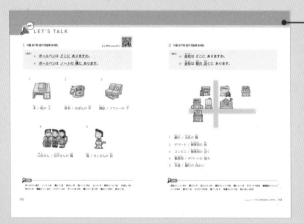

Let's Talk

이 교재의 가장 큰 특징 중의 하나는 본문과 문법 파트를 통해 익힌 문법과 회화 감각을 최대한 길러 주는 회화 연습이 풍부하다는 것입니다. 대부분의 일본어 기초 교재가 단순한 문형 연습에 그친 것에 반해 이 책의 회화 연습 코너는 쉽고 재미있는 문제를 풍부하게 제공하고 있어 단시간에 문법과 회화를 자신의 것으로 만들 수 있는 장점이 있습니다. 또한 연습 문제를 청취 연습으로도 활용할 수 있게 함으로써 소홀해지기 쉬운 청취 부분을 더욱 강화하였습니다. 이를 통해 말하고 듣는 훈련 과정을 최대한 쉽게 소화해 낼 수 있도록 하였습니다.

Exercise

각 과마다 작문 문제를 5개씩 담았습니다. 각 과에서 학습한 주요 문법을 활용하여 기초적인 표현을 다시 짚어 봄으로써 읽고 말하고 듣고 쓸 수 있는 능력을 기를 수 있도록 하였습니다.

일본어 한자의 음독 · 훈독을 확인하고 쓰기 연습을 함으로써, 한자에 대한 기초 실력을 처음부터 탄탄히 쌓아갈 수 있도록 하였습니다. 난이도는 일본어능력시험 N3~N4 정도의 수준을 기준으로 하여 시험에도 자주 출제되는 중요하고 기초적인 한자입니다.

외래어 역시 최근에 들어서는 그 중요성이 더욱 강조되고 있는 만큼 1과~9과까지는 3개씩, 10과~18과까지는 2개씩 수록하여 외래어를 확실하게 익힐 수 있습니다.

Fun & Talk

마지막 파트에는 게임처럼 즐기며 자유롭게 회화를 할 수 있는 코너입니다. 이는 일반적으로 한인 회화 연습 시간에 사용되는 게임식 회화 자료로서, 기초 문법과 회화 연습을 마친 학습자의 경우 충분히 활용해 볼 수 있는 코너입니다. 이 코너를 통해 상황에 맞는 유창한 일본어 회화 실력을 재미있게 키워 나갈 수 있을 것입니다.

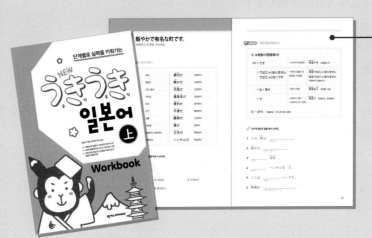

Workbook

각 Lesson에서 배운 단어, 문법, 회화 표현을 확인할 수 있도록 워크북을 별책으로 제공합니다. 문제를 풀면서 실력을 확인해 보세요.

차례

うきうき
우키우키
일본어

うきうき

우 키 우 키 　 일 본 어

문자와
발음

50음도 ひらがな

단＼행	あ행	か행	さ행	た행	な행
あ단	あ あかちゃん	か かめ	さ さる	た たんぽぽ	な なす
い단	い いちご	き きんぎょ	し しか	ち ちょう	に にわとり
う단	う うさぎ	く くり	す すいか	つ つばめ	ぬ ぬいぐるみ
え단	え えんぴつ	け けむり	せ せみ	て てぶくろ	ね ねこ
お단	お おう	こ こま	そ そば	と とうだい	の のこぎり

は_행	ま_행	や_행	ら_행	わ_행	
は はさみ	ま まじょ	や やかん	ら らっぱ	わ わし	ん にんじん
ひ ひよこ	み みかん		り りす		
ふ ふうせん	む むし	ゆ ゆり	る るすばん		
へ へび	め めがね		れ れいぞうこ		
ほ ほん	も もみじ	よ ようせい	ろ ろうそく	を てをあらう	

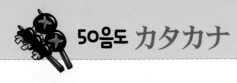

50음도 カタカナ

단 / 행	ア행	カ행	サ행	タ행	ナ행
ア단	ア アイロン	カ カー	サ サンドイッチ	タ タンバリン	ナ ナイフ
イ단	イ イルカ	キ キャベツ	シ シーディー	チ チーズ	ニ ニュース
ウ단	ウ オランウータン	ク クレヨン	ス スリッパ	ツ ツリー	ヌ カヌー
エ단	エ エプロン	ケ ケーキ	セ セーター	テ テレビ	ネ ネクタイ
オ단	オ オレンジ	コ コアラ	ソ ソーセージ	ト トマト	ノ ノート

ハ행	マ행	ヤ행	ラ행	ワ행	
ハ	マ	ヤ	ラ	ワ	ン
ハーモニカ	マッチ	キャッチャー	ラケット	ワイシャツ	パンダ
ヒ	ミ		リ		
ヒーター	ミルク		リボン		
フ	ム	ユ	ル		
フォーク	アイスクリーム	ユニホーム	キャラメル		
ヘ	メ		レ		
ヘリコプター	メロン		レモン		
ホ	モ	ヨ	ロ	ヲ	
ホチキス	モノレール	ヨーグルト	ロープウェー		

15

청음
清音

일본어 글자는 히라가나, 가타카나로 이루어져 있으며, 청음이란
일본어 글자에 탁점이나 반탁점이 없는 글자를 말합니다.

(1) 모음(母音) 일본어에서 기본 모음은 「あ·い·う·え·お」의 다섯 음뿐입니다.

あ행

あ	い	う	え	お
[a]	[i]	[u]	[e]	[o]
ア	イ	ウ	エ	オ

いす 의자　　　　うし 소　　　　え 그림　　　　えだ 나뭇가지

※う는 우리말의 '우'에 가깝지만 입술을 쭈욱 내밀지 말고 약간만 내밀어 부드럽게 발음하면 됩니다.

(2) 반모음(半母音)

や+わ행

や	ゆ	よ	わ
[ya]	[yu]	[yo]	[wa]
ヤ	ユ	ヨ	ワ

※ や, ゆ, よ, わ는 반모음 또는 이중모음이라고 합니다. や, ゆ, よ는 우리말의 '야, 유, 요'와 같이 발음하고,
わ는 우리말의 '와'와 비슷하게 발음합니다.

(3) 자음(子音)

か 행

か	き	く	け	こ
[ka]	[ki]	[ku]	[ke]	[ko]
カ	キ	ク	ケ	コ

かつら 가발　　かき 감　　ケーキ 케이크　　けむり 연기

※ 우리말의 'ㄲ'과 'ㅋ'의 중간쯤 되는 소리라고 하는데
　단어의 가장 앞에 올 때에는 'ㅋ', 단어 중간에 올 때에는 'ㄲ'에 가깝다고 할 수 있습니다.

さ 행

さ	し	す	せ	そ
[sa]	[shi]	[su]	[se]	[so]
サ	シ	ス	セ	ソ

すし 초밥　　すずめ 참새　　そら 하늘　　かさ 우산

※ す는 우리말의 '수'와 달리 약간 숨을 들이마시면서 발음하기 때문에 '스'에 가깝다고 할 수 있습니다.

た^행

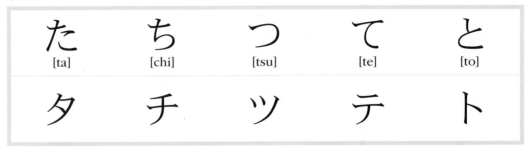

た	ち	つ	て	と
[ta]	[chi]	[tsu]	[te]	[to]
タ	チ	ツ	テ	ト

ノート 노트　　たこ 문어　　トマト 토마토　　ちず 지도

※ ち는 'chi'라고 발음을 표기하는데 우리말의 '찌'에 가깝습니다.
※ つ는 혀 끝부분을 앞니 뒷면의, 앞니와 잇몸이 맞닿아 있는 경계선 부분에 살짝 대고 그 상태에서 이음새 부분을 혀로 살짝 차면서 '쯔' 발음을 하면 됩니다.

な^행

な	に	ぬ	ね	の
[na]	[ni]	[nu]	[ne]	[no]
ナ	ニ	ヌ	ネ	ノ

かに 게　　のど 목구멍　　のり 김　　なし 배

※ な, ぬ, ね, の는 우리말의 'ㄴ' 발음과 같고, に는 な, ぬ, ね, の보다 혀 앞쪽에서 발음됩니다.

は_행

は [ha]	ひ [hi]	ふ [fu]	へ [he]	ほ [ho]
ハ	ヒ	フ	ヘ	ホ

はね 날개　　**ひふ** 피부　　**はは** 엄마　　**ふうせん** 풍선

※ は행은 우리말의 '하, 히, 후, 헤, 호'보다, 자음인 'ㅎ' 음을 좀 더 세게 내어 바람이 픽픽 새는 듯한 느낌으로
　발음하는 것이 좋습니다.
※ ふ는 우리말의 '후'에 가깝다고 생각하면 됩니다.

ま_행

ま [ma]	み [mi]	む [mu]	め [me]	も [mo]
マ	ミ	ム	メ	モ

まめ 콩　　**おつまみ** 술안주　　**かも** 오리　　**むし** 벌레

※ め는 な행의 ぬ와 모양이 비슷하므로 헷갈리지 않도록 하세요.

19

や행

や [ya]	い [i]	ゆ [yu]	え [e]	よ [yo]
ヤ	イ	ユ	エ	ヨ

※ や, ゆ, よ는 반모음 또는 이중모음이라고 합니다.

ら행

ら [ra]	り [ri]	る [ru]	れ [re]	ろ [ro]
ラ	リ	ル	レ	ロ

※ ら행은 'r'로 표기되는데 영어의 'r' 음처럼 혀를 굴리지 않습니다. 우리말의 '라, 리, 루, 레, 로'에 가까운 발음입니다.

わ행

わ [wa]	を [o]		ん [n]
ワ	ヲ		ン

※ わ도 や, ゆ, よ와 마찬가지로 반모음 또는 이중모음이라고 합니다.
※ を는 조사로만 사용되는 글자로, 발음은 お와 똑같습니다.

탁음
濁音

か·さ·た·は행에서만 나타나며, 청음 글자의 오른쪽 위에
「 " 」부호를 찍은 글자를 말합니다.

か행

が [ga]	ぎ [gi]	ぐ [gu]	げ [ge]	ご [go]
ガ	ギ	グ	ゲ	ゴ

えいご 영어

ガラス 유리

うさぎ 토끼

まご 손자

※ が행의 표기상으로는 우리말의 'ㄱ' 발음이지만, 실제로 발음할 때는 [ŋ] 발음을 확실히 내야 합니다.

ざ행

ざ [za]	じ [ji]	ず [zu]	ぜ [ze]	ぞ [zo]
ザ	ジ	ズ	ゼ	ゾ

ざる 소쿠리

ひじ 팔꿈치

ぞう 코끼리

ピザ 피자

※ 우리말의 'ㅈ'과 비슷하지만 성대를 울려서 내는 발음으로 우리말에는 없는 발음입니다.
※ じ에서 [z]는 [i] 앞에서 발음이 좀 달라집니다. [j] 발음이 아니라 [z] 발음입니다.

だ행

だ [da]	ぢ [ji]	づ [zu]	で [de]	ど [do]
ダ	ヂ	ヅ	デ	ド

ぶどう 포도

どろ 진흙

こづつみ 소포

チヂミ 부침개

※ だ, で, ど는 [d] 발음이고, ぢ와 づ는 ざ행의 じ, ず와 똑같이 발음합니다.

ば행

ば [ba]	び [bi]	ぶ [bu]	べ [be]	ぼ [bo]
バ	ビ	ブ	ベ	ボ

えび 새우

かばん 가방

ぼうし 모자

ビール 맥주

※ ば행의 자음은 영어의 'b'와 비슷하며 우리말의 'ㅂ' 음과 같습니다.

반탁음
半濁音

반탁음은 は행의 오른쪽 상단에 반탁음 부호 「°」를 붙인
'pa, pi, pu, pe, po'를 말합니다.

ぱ 행

ぱ	ぴ	ぷ	ぺ	ぽ
[pa]	[pi]	[pu]	[pe]	[po]
パ	ピ	プ	ペ	ポ

 いっぱい 가득　　 ペン 펜　　 ピンク 분홍　　 パパ 아빠

※ 우리말의 'ㅃ' 발음과 비슷한데 단어의 맨 앞에 오면 'ㅍ'으로 발음됩니다.

요음
拗音

반모음 「や・ゆ・よ」가 다른 글자와 함께 쓰여, 그 글자와 함께
한 글자처럼 발음하는 경우를 요음이라고 합니다.

(1) 청음(清音)의 요음

	き [ki]	し [shi]	ち [chi]	に [ni]	ひ [hi]	み [mi]	り [ri]
や [ya]	きゃ [kya]	しゃ [sya]	ちゃ [cha]	にゃ [nya]	ひゃ [hya]	みゃ [mya]	りゃ [rya]
ゆ [yu]	きゅ [kyu]	しゅ [syu]	ちゅ [chu]	にゅ [nyu]	ひゅ [hyu]	みゅ [myu]	りゅ [ryu]
よ [yo]	きょ [kyo]	しょ [syo]	ちょ [cho]	にょ [nyo]	ひょ [hyo]	みょ [myo]	りょ [ryo]

예 **おちゃ** 차   **みゃく** 맥   **しゅみ** 취미   **ひゃく** 100(백)

(2) 탁음(濁音)·반탁음(半濁音)의 요음

	ぎ [gi]	じ [ji]	ぢ [ji]	び [bi]	ぴ [pi]
や [ya]	ぎゃ [gya]	じゃ [ja]	ぢゃ [ja]	びゃ [bya]	ぴゃ [pya]
ゆ [yu]	ぎゅ [gyu]	じゅ [ju]	ぢゅ [ju]	びゅ [byu]	ぴゅ [pyu]
よ [yo]	ぎょ [gyo]	じょ [jo]	ぢょ [jo]	びょ [byo]	ぴょ [pyo]

예 **ギャグ** 개그   **じゃま** 방해

「ん」은 다른 글자 뒤에 와서 우리말의 받침과 같은
역할을 합니다.

❶「m(ㅁ)」 **ん＋ま・ば・ぱ**행

さんま 꽁치	しんぶん 신문

❷「n(ㄴ)」 **ん＋さ・た・な・ら・ざ・だ**행

しんせつ 친절	かんじ 한자

❸「ŋ(ㅇ)」 **ん＋か・が**행

おんがく 음악	げんき 건강함

❹「N(콧소리)」 **ん으로 끝날 때, ん＋あ・は・や・わ**행

れんあい 연애	でんわ 전화

촉음은 「つ」를 2분의 1 크기로 표기하여 우리말의 받침
역할을 하는데, 하나의 독립된 음절로 발음합니다.

❶「k(ㄱ)」 **っ＋か**행

いっき 한숨	がっこう 학교

❷「s(ㅅ)」 **っ＋さ**행

いっさい 한 살	さっそく 즉시

❸「t(ㄷ)」 **っ＋た**행

きって 우표	おっと 남편

❹「p(ㅂ)」 **っ＋ぱ**행

いっぱい 가득, 한 잔	しっぽ 꼬리

장음 長音

한 낱말의 가운데 있는 두 음절 또는 세 음절을 한 음절처럼 길게 발음하는 소리를 말합니다.

	장음(長音)	단음(短音)
あ단 + あ	おかあさん 어머니	おばさん 아주머니
い단 + い	おにいさん 오빠	おじさん 아저씨
う단 + う	すうがく 수학	くき 줄기
え단 + え + い	おねえさん 누나, 언니	え 그림
	とけい 시계	へや 방
お단 + お + う	おおきい 크다	おい 남자 조카
	こうえん 공원	そこ 거기
요음 + う	きょうかい 교회	しょめい 서명

예 おばあさん 할머니　　おじいさん 할아버지　　ゆうがた 저녁
えいご 영어　　りょこう 여행　　じゅう 10(십)

단계별로 실력을 키워가는

NEW

うきうき
우　키　　우　키

일본어

01

私は会社員です。
저는 회사원입니다.

表現 익히기　자기소개 / 명사의 긍정문 · 부정문 · 의문문

💬 Dialogue

🎧 MP3 01-1

姜<ruby>カン</ruby>： はじめまして。

　　　姜<ruby>カン</ruby>ハンチョクです。

　　　どうぞ　よろしく　お願<ruby>ねが</ruby>いします。

山田<ruby>やまだ</ruby>： はじめまして。山田<ruby>やまだ</ruby>です。

　　　こちらこそ　よろしく　お願<ruby>ねが</ruby>いします。

　　　姜<ruby>カン</ruby>さんは　学生<ruby>がくせい</ruby>ですか。

姜<ruby>カン</ruby>： いいえ、学生<ruby>がくせい</ruby>じゃありません。

　　　会社員<ruby>かいしゃいん</ruby>です。

강한척: 처음 뵙겠습니다.
　　　강한척입니다.
　　　잘 부탁드립니다.
야마다: 처음 뵙겠습니다. 야마다입니다.
　　　저야말로 잘 부탁드리겠습니다.
　　　한척 씨는 학생이에요?
강한척: 아니요, 학생이 아닙니다.
　　　회사원입니다.

 단어

はじめまして 처음 뵙겠습니다 ｜ **どうぞ** 부디, 아무쪼록 ｜ **よろしく** 잘 ｜ **お願(ねが)いします** 부탁드립니다 ｜ **こちらこそ** 이쪽이야
말로, 저야말로 ｜ **学生**(がくせい) 학생 ｜ **会社員**(かいしゃいん) 회사원

GRAMMAR

1 **～は…です**　　　　　　　　　～은/는 …입니다

私は 学生です。
<small>わたし</small> <small>がくせい</small>

彼女は 会社員です。
<small>かのじょ</small> <small>かいしゃいん</small>

彼は 日本人です。
<small>かれ</small> <small>に ほんじん</small>

2 **～では[じゃ]ありません**　　　～이/가 아닙니다

学生では[じゃ]ありません。
<small>がくせい</small>

会社員では[じゃ]ありません。
<small>かいしゃいん</small>

日本人では[じゃ]ありません。
<small>に ほんじん</small>

인칭대명사

1인칭	2인칭	3인칭
私 나, 저	あなた 너, 당신	彼 그, 그 사람
		彼女 그녀

🔍 단어 --

私(わたし) 저 │ **学生**(がくせい) 학생 │ **会社員**(かいしゃいん) 회사원 │ **日本人**(にほんじん) 일본인

❸ ~ですか

~입니까?

^{がくせい}
学生ですか。

^{かいしゃいん}
会社員ですか。

^{ちゅうごくじん}
中国人ですか。

❹ はい／いいえ

예／아니요

^{がくせい}
はい、学生です。

^{かいしゃいん}
はい、会社員です。

^{ちゅうごくじん}
いいえ、中国人ではありません。

국적

韓国人 한국인　　**日本人** 일본인　　**中国人** 중국인

アメリカ人 미국인　　**イギリス人** 영국인　　**フランス人** 프랑스인

 단어 -

中国人(ちゅうごくじん) 중국인

LET'S TALK

Ⅰ 다음 보기와 같이 연습해 보세요.

🎧 MP3 Lesson 01-2

| 보기 |
金（キム）**さんは 医者**（いしゃ）**です。**

1

2

3

私（わたし）/ 学生（がくせい）　　私（わたし）/ 会社員（かいしゃいん）　　彼（かれ）/ 歌手（かしゅ）

Ⅱ 다음 보기와 같이 연습해 보세요.

| 보기 |
私（わたし）**は ドイツ人**（じん）**です。**

1

2

3

山田（やまだ）さん / 日本人（にほんじん）　　王（ワン）さん / 中国人（ちゅうごくじん）　　スミスさん / アメリカ人（じん）

 단어 --

医者（いしゃ）의사 ｜ 歌手（かしゅ）가수 ｜ ドイツ人（じん）독일인 ｜ アメリカ人（じん）미국인

Ⅲ 다음 보기와 같이 연습해 보세요.

| 보기 |

A: 金(キム)さんは 韓国人(かんこくじん)ですか。

B: はい、韓国人(かんこくじん)です。

A: 山田(やまだ)さんは 韓国人(かんこくじん)ですか。

B: いいえ、韓国人(かんこくじん)ではありません。

1

彼(かれ) / 学生(がくせい)

2

彼(かれ) / ピアニスト

3

彼(かれ) / 歌手(かしゅ)

4

彼女(かのじょ) / 先生(せんせい)

5

彼女(かのじょ) / 日本人(にほんじん)

🔍 **단어** --

韓国人(かんこくじん) 한국인 | **彼**(かれ) 그 | **ピアニスト** 피아니스트 | **彼女**(かのじょ) 그녀 | **先生**(せんせい) 선생님

EXERCISE

다음 빈칸에 알맞은 말을 넣어 보세요.

① 처음 뵙겠습니다.

は_____

② 아무쪼록 잘 부탁드립니다.

どうぞ_____

③ 저는 학생입니다.

_{わたし}
私は_____

④ 그는 회사원이 아닙니다.

_{かれ}
彼は_____

⑤ 중국인입니까?

_{ちゅうごくじん}
中国人_____

🔍 **단어** --

どうぞ 아무쪼록, 부디 ｜ 私(わたし) 저 ｜ 彼(かれ) 그, 그 사람 ｜ 中国人(ちゅうごくじん) 중국인

学
배울 학

음독 がく 훈독 まなぶ 배우다　`丶 ﾂ ﾂﾟ 学 学 学`

学	学	学	学	学	学

生
날 생

음독 せい / しょう 훈독 生(なま) 생 / 生(い)きる 살다 / 生(う)まれる 태어나다　`ﾉ ﾄﾞ ﾄﾞ 生 生`

生	生	生	生	生	生

大学
だい がく
대　학

大学	大学	大学	大学	大学	大学

先生
せん せい
선생님

先生	先生	先生	先生	先生	先生

アメリカ 미국

アメリカ	アメリカ	アメリカ	アメリカ

イギリス 영국

イギリス	イギリス	イギリス	イギリス

フランス 프랑스

フランス	フランス	フランス	フランス

FUN & TALK

다음 사람의 이름과 직업을 물으면서 연습해 보세요.

しつれい　　　　　　　　な まえ
失礼ですが、お名前は? 실례합니다만, 성함은?

しつれい　　　　　　　　し ごと
失礼ですが、お仕事は? 실례합니다만, 하시는 일은?

た なか　　かいしゃいん
田中 – 会社員
회사원

さ とう　　ぎんこういん
佐藤 – 銀行員
은행원

すず き　　せんせい
鈴木 – 先生
선생님

たかはし　　うんてんしゅ
高橋 – 運転手
운전수

中村 – 医者
なかむら　い しゃ

의사

吉田 – けいさつ
よし だ

경찰

三木 – 美容師
み き　び ようし

미용사

吉村 – 歌手
よしむら　か しゅ

가수

工藤 – スチュワーデス
く どう

스튜어디스

渡辺 – モデル
わたなべ

모델

それはだれの本ですか。

그것은 누구 책이에요?

표현 익히기 사물을 가리키는 지시어 こ・そ・あ・ど 법칙 / 조사の 용법

💬 Dialogue

🎧 MP3 02-1

田中（たなか）: すみません。

それは だれの 本（ほん）ですか。

姜（カン）: あ、これは 私（わたし）のです。

田中（たなか）: じゃ、この ボールペンも 姜（カン）さんのですか。

姜（カン）: はい、そうです。

田中（たなか）: そうですか。

えーと。じゃ、私（わたし）の 本（ほん）と ボールペンは…?

姜（カン）: ハハ、実（じつ）は これ、全部（ぜんぶ） 田中（たなか）さんのです。

다나카: 실례합니다.
　　　　그것은 누구 책이에요?
강한척: 아, 이것은 제 것입니다.
다나카: 그럼, 이 볼펜도 한척 씨 거예요?
강한척: 네, 그렇습니다.
다나카: 그래요?
　　　　음…. 그럼, 내 책하고 볼펜은……?
강한척: 하하, 실은 이것 전부 다나카 씨 거예요.

 단어

それ 그것 ｜ だれ 누구 ｜ ～の ～의, ~의 것 ｜ 本(ほん) 책 ｜ これ 이것 ｜ じゃ 그럼 ｜ この 이 ｜ ボールペン 볼펜 ｜ ～も ～도 ｜
はい 네 ｜ そうです 그렇습니다 ｜ えーと 망설일 때의 의성어 ｜ 実(じつ)は 실은 ｜ 全部(ぜんぶ) 전부

GRAMMAR

1 **これ / それ / あれ / どれ**　이것 / 그것 / 저것 / 어느 것

これは　本<ruby>ほん</ruby>です。

それは　かばんです。

あれは　つくえです。

2 **この / その / あの / どの**　이 / 그 / 저 / 어느

この　本<ruby>ほん</ruby>

その　ボールペン

あの　かばん

どの　車<ruby>くるま</ruby>

こ・そ・あ・ど 법칙

これ 이것	**それ** 그것	**あれ** 저것	**どれ** 어느것
この 이	**その** 그	**あの** 저	**どの** 어느
こちら 이쪽	**そちら** 그쪽	**あちら** 저쪽	**どちら** 어느쪽
こんな 이런	**そんな** 그런	**あんな** 저런	**どんな** 어떤
ここ 여기	**そこ** 거기	**あそこ** 저기	**どこ** 어디

🔍 **단어** --

本(ほん) 책 ┊ **かばん** 가방 ┊ **つくえ** 책상 ┊ **ボールペン** 볼펜 ┊ **車**(くるま) 차

❸ ~の ~의, ~의 것

① ~의 (소유격 조사)

私<ruby>わたし</ruby>の 本<ruby>ほん</ruby> 先生<ruby>せんせい</ruby>の めがね

② ~의 것 (소유대명사)

私<ruby>わたし</ruby>の 先生<ruby>せんせい</ruby>の

③ 명사 수식

日本語<ruby>にほんご</ruby>の 本<ruby>ほん</ruby> 中国<ruby>ちゅうごく</ruby>の 会社<ruby>かいしゃ</ruby>

❹ ~と ~와/과

先生<ruby>せんせい</ruby>と 学生<ruby>がくせい</ruby>

韓国人<ruby>かんこくじん</ruby>と 日本人<ruby>にほんじん</ruby>

本<ruby>ほん</ruby>と ノート

❺ ~も ~도

私<ruby>わたし</ruby>も 学生<ruby>がくせい</ruby>です。

これも 私<ruby>わたし</ruby>のです。

彼女<ruby>かのじょ</ruby>も 先生<ruby>せんせい</ruby>です

🔍 **단어** --

めがね 안경 | **日本語**(にほんご) 일본어 | **中国**(ちゅうごく) 중국 | **会社**(かいしゃ) 회사 | ノート 노트

LET'S TALK

🎧 MP3 Lesson 02-2

Ⅰ 다음 보기와 같이 연습해 보세요.

| 보기 |

A: この かばんは 先生（せんせい）のですか。

B: はい、先生（せんせい）のです。

いいえ、先生（せんせい）のではありません。

1 A: この 帽子（ぼうし）は 金（キム）さんのですか。

B: はい、＿＿＿＿＿＿＿＿＿＿＿＿＿。

2 A: この ボールペンは 金（キム）さんのですか。

B: いいえ、＿＿＿＿＿＿＿＿＿＿＿＿＿。

3 A: その 時計（とけい）は 山田（やまだ）さんのですか。

B: いいえ、＿＿＿＿＿＿＿＿＿＿＿＿＿。

4 A: その めがねは 山田（やまだ）さんのですか。

B: はい、＿＿＿＿＿＿＿＿＿＿＿＿＿。

5 A: あの 車（くるま）は 先生（せんせい）のですか。

B: いいえ、＿＿＿＿＿＿＿＿＿＿＿＿＿。

🔍 단어 --

かばん 가방 ｜ 帽子（ぼうし）모자 ｜ ボールペン 볼펜 ｜ 時計（とけい）시계 ｜ めがね 안경 ｜ 車（くるま）차, 자동차

42

Ⅱ 다음 보기와 같이 연습해 보세요.

> |보기|
> A: これは だれの かばんですか。
> B: それは 先生(せんせい)の かばんです。

1 A: これは だれの 本(ほん)ですか。
   B: _____は 先生(せんせい)の 本(ほん)です。

2 A: これは だれの ケータイですか。
   B: _____は 友達(ともだち)の ケータイです。

3 A: それは だれの カメラですか。
   B: _____は 私(わたし)の カメラです。

4 A: それは だれの 写真(しゃしん)ですか。
   B: _____は ナさんの 写真(しゃしん)です。

5 A: あれは だれの くつですか。
   B: _____は 金(キム)さんの くつです。

🔍 단어 ---

これ 이것 | **だれ** 누구 | **それ** 그것 | **本**(ほん) 책 | **ケータイ** 휴대전화 | **友達**(ともだち) 친구 | **カメラ** 카메라 | **写真**(しゃしん) 사
진 | **あれ** 저것 | **くつ** 구두

EXERCISE

다음 빈칸에 알맞은 말을 넣어 보세요.

① 이것은 나의 가방입니다. (かばん)

これは _____

② 그것은 야마다 씨의 볼펜입니다. (ボールペン)

それは _____

③ 저것은 일본 잡지입니다. (雑誌)

あれは _____

④ 이 차는 회사의 것입니다. (車)

この _____

⑤ 그 휴대전화는 나의 것이 아닙니다. (ケータイ)

その _____

⑥ 저 구두는 선생님의 것입니다. (くつ)

あの _____

 단어 --

ボールペン 볼펜 ∣ **日本**(にほん) 일본 ∣ **雑誌**(ざっし) 잡지 ∣ **車**(くるま) 차 ∣ **会社**(かいしゃ) 회사 ∣ **くつ** 구두

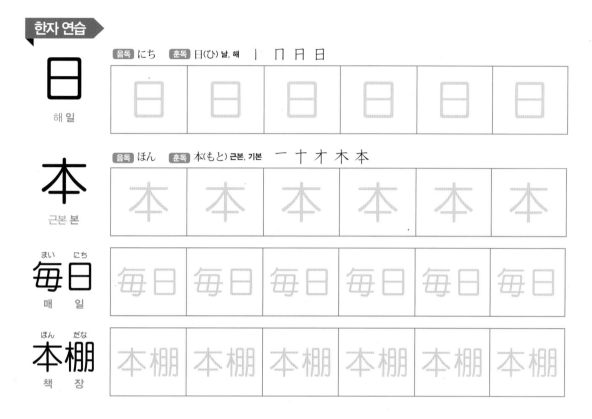

日
해 일

음독 にち 훈독 日(ひ) 날, 해 ｜ 冂 月 日

本
근본 본

음독 ほん 훈독 本(もと) 근본, 기본 一 十 才 木 本

毎日
매　일

まい にち

本棚
책　장

ほん だな

외래어 연습

カメラ 카메라

カメラ	カメラ	カメラ	カメラ

ノート 노트

ノート	ノート	ノート	ノート

ベッド 침대

ベッド	ベッド	ベッド	ベッド

FUN & TALK

그림을 보면서 사물의 이름을 물어보세요.

A : これは 何^{なん}ですか。

B : それは えんぴつです。

03 会社は何時から何時までですか。
<ruby>会<rt>かい</rt></ruby><ruby>社<rt>しゃ</rt></ruby>は<ruby>何<rt>なん</rt></ruby><ruby>時<rt>じ</rt></ruby>から<ruby>何<rt>なん</rt></ruby><ruby>時<rt>じ</rt></ruby>までですか。

회사는 몇 시부터 몇 시까지예요?

표현 익히기) 시간 관련 표현

💬 Dialogue

🎧 MP3 03-1

山田（やまだ）： 姜（カン）さん、姜（カン）さんの 会社（かいしゃ）は
何時（なんじ）から 何時（なんじ）までですか。

姜（カン）： 会社（かいしゃ）は 朝（あさ） 9時（くじ）から 午後（ごご） 5時（ごじ）までですが、
仕事（しごと）の 後（あと） 飲（の）み会（かい）が…。

山田（やまだ）： 飲（の）み会（かい）?
飲（の）み会（かい）は 普通（ふつう） 何時（なんじ）まで…?

姜（カン）： あの、それが…。ちょっと。

야마다： 한척 씨, 한척 씨의 회사는 몇 시부터 몇 시까지예요?

강한척： 회사는 아침 9시부터 오후 5시까지입니다만…….
일이 끝난 후 회식이…….

야마다： 회식요?
회식은 보통 몇 시까지 해요?

강한척： 저, 그게…….좀…….

会社(かいしゃ) 회사 ｜ **何時**(なんじ) 몇 시 ｜ **～から** ~부터 ｜ **～まで** ~까지 ｜ **朝**(あさ) 아침 ｜ **9時**(くじ) 9시 ｜ **午後**(ごご) 오후 ｜
5時(ごじ) 5시 ｜ **仕事**(しごと) 일, 업무 ｜ **後**(あと) 후, 뒤 ｜ **飲**(の)**み会**(かい) 술자리, 회식, 모임 ｜ **普通**(ふつう) 보통 ｜ **あの** 저, 저기(말을
걸거나 말이 막힐 때) ｜ **ちょっと** 좀, 조금

GRAMMAR

1 何時ですか (なんじ)　　　　　　　　　　몇 시입니까?

今　何時ですか。(いま　なんじ)

→　一時です。(いちじ)

→　12時半です。(じゅうにじはん)

2　～から …まで　　　　　　　　　　～부터 …까지

病院は　何時から　何時までですか。(びょういん　なんじ　なんじ)

アルバイトは　朝　9時から　夜　8時までです。(あさ　くじ　よる　はちじ)

3　～が　　　　　　　　　　　　　～만, ～이/가

❶ ～만 (역접의 접속사)

すみませんが。 / 失礼ですが。(しつれい)

韓国人ですが。(かんこくじん)

❷ ～이/가 (주격 조사)

これが　私のです。(わたし)

あの人が　山田さんです。(ひと　やまだ)

🔍 **단어** --

半(はん) 반, 절반 ┃ 病院(びょういん) 병원 ┃ **アルバイト** 아르바이트 ┃ 朝(あさ) 아침 ┃ 夜(よる) 밤, 저녁 ┃ **すみません** 죄송합니다 ┃
失礼(しつれい)です 실례합니다 ┃ **あの人(ひと)** 저 사람

시간 익히기

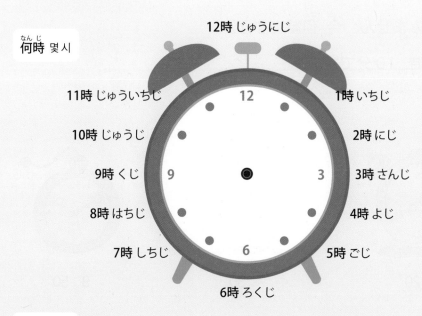

何時 [なんじ] 몇 시

12時 じゅうにじ
1時 いちじ
2時 にじ
3時 さんじ
4時 よじ
5時 ごじ
6時 ろくじ
7時 しちじ
8時 はちじ
9時 くじ
10時 じゅうじ
11時 じゅういちじ

何分 [なんぷん] 몇 분

1分	いっぷん	20分	にじっぷん
2分	にふん		にじゅっぷん
3分	さんぷん	30分	さんじっぷん
4分	よんぷん		さんじゅっぷん
5分	ごふん	40分	よんじっぷん
6分	ろっぷん		よんじゅっぷん
7分	ななふん / しちふん	50分	ごじっぷん
8分	はちふん / はっぷん		ごじゅっぷん
9分	きゅうふん		
10分	じっぷん / じゅっぷん		

시간 표현

午前 [ごぜん] 오전　　午後 [ごご] 오후　　朝 [あさ] 아침　　昼 [ひる] 낮　　夜 [よる] 밤, 저녁

LET'S TALK

🎧 MP3 Lesson 03-2

Ⅰ 다음 보기와 같이 연습해 보세요.

| 보기 |

A: すみません、今 ^{いま} 何時 ^{なん じ} ですか。

B: 1時 ^{いち じ} 10分 ^{じゅっ ぷん} です。

1

4 : 20

2

7 : 30

3

9 : 50

4

10 : 15

5

12 : 40

🔍 단어

すみません 죄송합니다, 실례합니다 | **今**(いま) 지금 | **何時**(なんじ) 몇 시

Ⅱ 다음 보기와 같이 연습해 보세요.

| 보기 |

A: 学校は 何時から 何時までですか。

B: 学校は 午前 9時から 午後 4時半までです。

1

会社
(A.M.) 9:00 ~ (P.M.) 6:00

2

銀行
(A.M.) 9:00 ~ (P.M.) 4:00

3

デパート
(A.M.) 10:30 ~ (P.M.) 7:30

4

病院
(A.M.) 10:00 ~ (P.M.) 7:00

5

レストラン
(A.M.) 11:00 ~ (P.M.) 10:00

🔍 단어 -----

学校(がっこう) 학교 │ 午前(ごぜん) 오전 │ 午後(ごご) 오후 │ 会社(かいしゃ) 회사 │ 銀行(ぎんこう) 은행 │ デパート 백화점 │ 病院
(びょういん) 병원 │ レストラン 레스토랑

다음 빈칸에 알맞은 말을 넣어 보세요.

① 일본어 수업은 7시부터 8시까지입니다.

日本語の 授業は ＿＿＿＿＿＿＿＿＿＿＿＿＿＿＿＿＿＿＿＿

② 점심시간은 12시부터 1시까지입니다.

昼休みは ＿＿＿＿＿＿＿＿＿＿＿＿＿＿＿＿＿＿＿＿

③ 회의는 오전 10시부터 12시까지입니다. (午前)

会議は ＿＿＿＿＿＿＿＿＿＿＿＿＿＿＿＿＿＿＿＿

④ 아르바이트는 오후 6시부터 11시까지입니다. (午後)

アルバイトは ＿＿＿＿＿＿＿＿＿＿＿＿＿＿＿＿＿＿

⑤ 미용실은 오전 10시부터 오후 9시까지입니다.

美容院は ＿＿＿＿＿＿＿＿＿＿＿＿＿＿＿＿＿＿＿＿

🔍 단어 --

授業(じゅぎょう) 수업 ｜ **昼休**(ひるやす)**み** 점심시간 ｜ **会議**(かいぎ) 회의 ｜ **アルバイト** 아르바이트 ｜ **美容院**(びょういん) 미용실

会
모일 회

음독 かい　훈독 会(あ)う 만나다　ノ　ト　ム　今　会　会

| 会 | 会 | 会 | 会 | 会 | 会 |

社
회사 사

음독 しゃ　훈독 やしろ 신사　` ラ ネ ネ ネ 社 社

| 社 | 社 | 社 | 社 | 社 | 社 |

会社
かい　しゃ
회　사

| 会社 | 会社 | 会社 | 会社 | 会社 | 会社 |

会議
かい　ぎ
회　의

| 会議 | 会議 | 会議 | 会議 | 会議 | 会議 |

社会
しゃ　かい
사　회

| 社会 | 社会 | 社会 | 社会 | 社会 | 社会 |

アルバイト 아르바이트

| アルバイト | アルバイト | アルバイト | アルバイト |

デパート 백화점

| デパート | デパート | デパート | デパート |

レストラン 레스토랑

| レストラン | レストラン | レストラン | レストラン |

FUN & TALK

다음 장소를 찾아가려고 합니다. 가기 전에 미리 몇 시부터 몇 시까지 하는지 물어보세요.

何時から 何時までですか。

銀行 (A.M.) 9:00 ~ (P.M.) 4:00

学校 (A.M.) 9:00 ~ (P.M.) 4:00

郵便局 (A.M.) 9:30 ~ (P.M.) 5:00

コンビニ 24時間営業

図書館 (A.M.) 6:30 ~ (P.M.) 5:00

映画館 (A.M.) 10:30 ~ (P.M.) 11:50

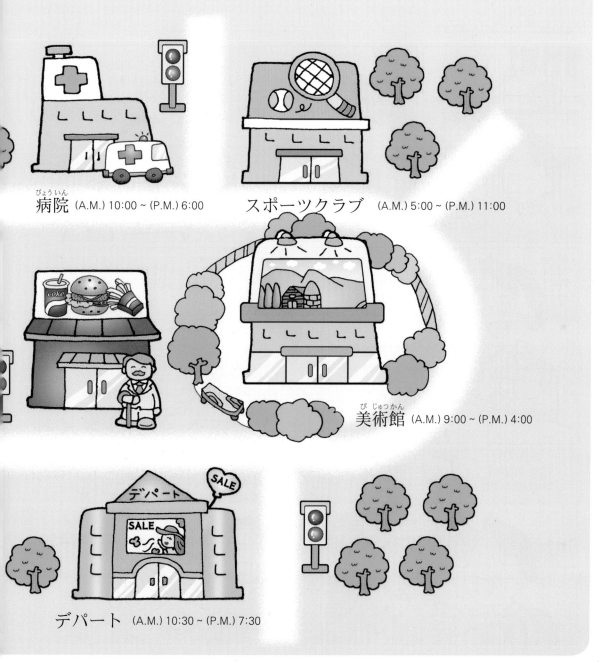

病院 (A.M.) 10:00 ~ (P.M.) 6:00

スポーツクラブ (A.M.) 5:00 ~ (P.M.) 11:00

美術館 (A.M.) 9:00 ~ (P.M.) 4:00

デパート (A.M.) 10:30 ~ (P.M.) 7:30

LESSON 04

うどんはいくらですか。

우동은 얼마예요?

표현 익히기) 숫자 세기 / 가격 표현

💬 Dialogue

 🎧 MP3 04-1

店員_{てんいん}: いらっしゃいませ。

姜_{カン}: すみません。うどんは いくらですか。

店員_{てんいん}: きつねうどんは 450円_{よんひゃくごじゅうえん}で、てんぷらうどんは
550円_{ごひゃくごじゅうえん}です。

姜_{カン}: おにぎりは いくらですか。

店員_{てんいん}: おにぎりは 1つ_{ひと} 120円_{ひゃくにじゅうえん}です。

姜_{カン}: じゃ、てんぷらうどん 1つ_{ひと}と おにぎり 2つ_{ふた} ください。

(식사 후 계산대에서)

店員_{てんいん}: てんぷらうどん 1つ_{ひと}と おにぎり 2つ_{ふた}ですね。
全部_{ぜんぶ}で 790円_{ななひゃくきゅうじゅうえん}です。ありがとうございます。

점원: 어서 오세요.
강한척: 여기요. 우동은 얼마예요?
점원: 유부우동은 450엔이고, 튀김우동은 550엔입니다.
강한척: 주먹밥은 얼마예요?
점원: 주먹밥은 한 개에 120엔입니다.
강한척: 그럼, 튀김우동 하나하고 주먹밥 두 개 주세요.

(식사 후 계산대에서)
점원: 튀김우동 하나와 주먹밥 두 개죠.
　　　전부 해서 790엔입니다. 감사합니다.

 단어

店員(てんいん) 점원 │ **いらっしゃいませ** 어서 오세요 │ **すみません** 죄송합니다, 실례합니다 │ **うどん** 우동 │ **いくら** 얼마 │ **きつねうどん** 유부우동 │ **〜円**(えん) 〜엔 │ **〜で** 〜이고, 〜해서 │ **てんぷらうどん** 튀김우동 │ **おにぎり** 주먹밥 │ **1**(ひと)**つ** 하나, 한 개 │ **〜と** 〜와/과 │ **2**(ふた)**つ** 둘, 두 개 │ **ください** 주세요 │ **全部**(ぜんぶ)**で** 전부 해서 │ **ありがとうございます** 감사합니다

GRAMMAR

1 いくらですか
얼마입니까?

コーヒーは いくらですか。

うどんは いくらですか。

この時計(とけい)は いくらですか。

2 ～(を) ください
～(을/를) 주세요

お水(みず)(を) ください。

コーヒー(を) ください。

おにぎり(を) ください。

3 ～で
～해서, ～에(합계한 수량) / ～이고(구분)

❶ ～해서, ～에 (합계한 수량)

2つ(ふた)で 1000ウォンです。

全部(ぜんぶ)で いくらですか。

❷ ～이고 (구분)

これは ケータイで、それは デジカメです。

私(わたし)は 韓国人(かんこくじん)で、山田(やまだ)さんは 日本人(にほんじん)です。

🔍 단어 --

コーヒー 커피 | **時計**(とけい) 시계 | **お水**(みず) 물 | **～ウォン** ~원 | **デジカメ** 디지털카메라

④ 개수 세기

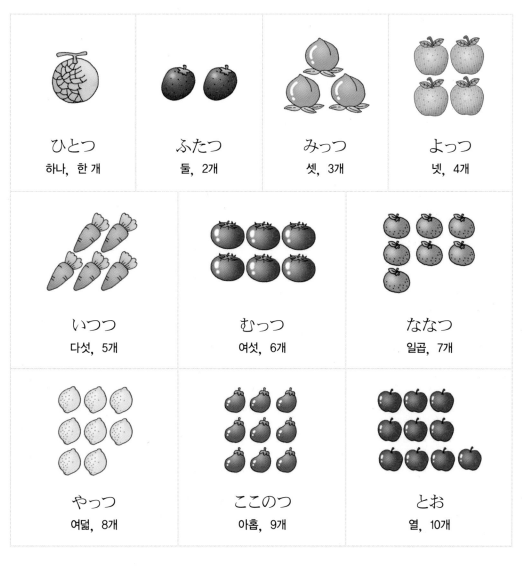

ひとつ 하나, 한 개	**ふたつ** 둘, 2개	**みっつ** 셋, 3개	**よっつ** 넷, 4개

いつつ 다섯, 5개	**むっつ** 여섯, 6개	**ななつ** 일곱, 7개

やっつ 여덟, 8개	**ここのつ** 아홉, 9개	**とお** 열, 10개

_{じゅういっ こ}
11個 11개

_{じゅうに こ}
12個 12개

_{じゅうさん こ}
13個 13개

_{じゅうよん こ}
14個 14개

_{じゅうご こ}
15個 15개

_{じゅうろっ こ}
16個 16개

숫자 읽기

1 - 10

1 いち	2 に	3 さん	4 し/よん	5 ご
6 ろく	7 しち/なな	8 はち	9 く/きゅう	10 じゅう

20 - 90

20 にじゅう	30 さんじゅう	40 よんじゅう	50 ごじゅう	60 ろくじゅう
70 ななじゅう	80 はちじゅう	90 きゅうじゅう		

100 이상의 숫자 읽기

~百

100 ひゃく	200 にひゃく	300 さんびゃく	400 よんひゃく	500 ごひゃく
600 ろっぴゃく	700 ななひゃく	800 はっぴゃく	900 きゅうひゃく	

~千

1000 せん	2000 にせん	3000 さんぜん	4000 よんせん	5000 ごせん
6000 ろくせん	7000 ななせん	8000 はっせん	9000 きゅうせん	

~万

1万 いちまん	10万 じゅうまん	100万 ひゃくまん	1000万 せんまん

LET'S TALK

MP3 Lesson 04-2

Ⅰ 다음 보기와 같이 연습해 보세요.

| 보기 |

A: デジタルカメラは いくらですか。

B: 38万ウォンです。
　　<ruby>38万<rt>さんじゅうはちまん</rt></ruby>

1

ワイシャツ / 45,000원

2

かばん / 270,000원

3

ノートブック / 1,890,000원

Ⅱ 다음 보기와 같이 연습해 보세요.

| 보기 |

A: トマトは いくらですか。

B: 五つで 3,000ウォンです。
　　<ruby>五<rt>いつ</rt></ruby>つで <ruby>3,000<rt>さんぜん</rt></ruby>

1

りんご / 二つ / 5,000원
　　　　<ruby>二<rt>ふた</rt></ruby>つ

2

なし / 三つ / 10,000원
　　　<ruby>三<rt>みっ</rt></ruby>つ

3

もも / 四つ / 6,000원
　　　<ruby>四<rt>よっ</rt></ruby>つ

🔍 단어 --

デジタルカメラ 디지털카메라 | ワイシャツ 와이셔츠 | かばん 가방 | ノートブック 노트북 | トマト 토마토 | りんご 사과 |
なし 배 | もも 복숭아

Ⅲ 다음 보기와 같이 연습해 보세요.

| 보기 |

A: サンドイッチは いくらですか。

B: ハムサンドイッチは 500円で、

チーズサンドイッチは 450円です。

1

コーヒー / カフェラッテ 200円 /

カプチーノ 250円

2

おさけ / ビール 500円 /

ワイン 1,400円

3

人形 / トトロ 6,000円 /

キティー 3,500円

4

パスタ / クリームソース 1,260円 /

ミートソース 980 円

🔍 단어 --

ハムサンドイッチ 햄 샌드위치 | **チーズサンドイッチ** 치즈 샌드위치 | **コーヒー** 커피 | **カフェラッテ** 카페라떼 | **カプチーノ** 카푸치노 | **おさけ** 술 | **ビール** 맥주 | **ワイン** 와인 | **人形**(にんぎょう) 인형 | **パスタ** 파스타 | **クリームソース** 크림 소스 | **ミートソース** 미트 소스

EXERCISE

다음 빈칸에 알맞은 말을 넣어 보세요.

1 디지털카메라는 얼마입니까?

デジタルカメラは _____

2 전부 해서 얼마입니까?

<ruby>全部<rt>ぜん ぶ</rt></ruby>_____

3 사과는 세 개에 5,000원입니다.

りんごは _____

4 토스트는 2,500원이고, 샌드위치는 3,000원입니다. (サンドイッチ)

トーストは _____

5 커피와 치즈케이크 하나 주세요. (チーズケーキ)

コーヒー _____

 단어 -

デジタルカメラ 디지털카메라 | **全部**(ぜんぶ) 전부 | **りんご** 사과 | **トースト** 토스트 | **〜と** 〜와 | **チーズケーキ** 치즈케이크 |
ください 주세요

EXERCISE

全
완전할 전

음독 ぜん 훈독 全(まった)く 전혀 / 全(すべ)て 모두, 온통　ノ　ハ　ム　今　今　全

| 全 | 全 | 全 | 全 | 全 | 全 |

部
거느릴 부

음독 ぶ 훈독 べ　'　 一　十　ㅗ　立　产　音　音　部〵　部

| 部 | 部 | 部 | 部 | 部 | 部 |

全部
전　부

| 全部 | 全部 | 全部 | 全部 | 全部 | 全部 |

全国
전　국

| 全国 | 全国 | 全国 | 全国 | 全国 | 全国 |

部員
부　원

| 部員 | 部員 | 部員 | 部員 | 部員 | 部員 |

외래어 연습

コーヒー 커피

| コーヒー | コーヒー | コーヒー | コーヒー |

ケーキ 케이크

| ケーキ | ケーキ | ケーキ | ケーキ |

サンドイッチ 샌드위치

| サンドイッチ | サンドイッチ | サンドイッチ | サンドイッチ |

백화점의 세일 기간입니다. 가격을 물어보면서 쇼핑해 보세요.

いくらですか。 얼마입니까?

Big バーゲンセール

ノートパソコン
노트북 1,234,000원

テレビ
텔레비전
496,000원

MP3 198,000원   デジカメ 디카 1,234,000원

時計
시계 89,000원

ネックレス
목걸이 55,000원

かばん 가방
98,000원

ワンピース
원피스 79,000원

靴 구두
67,000원

ぬいぐるみ
인형 20,000원

サングラス
선글라스 128,000원

ネクタイ
넥타이 34,000원

お誕生日はいつですか。
たん じょう び

생일은 언제예요?

표현 익히기 날짜와 요일

야마다 씨, 생일은 언제예요?

제 생일은 3월 17일이에요.

3월 17일! 그럼 다음주 월요일이잖아요. 저와 같은 3월생이네요.

네? 민아 씨의 생일은 언제예요?

3월 14일요. 실은 내일이 제 생일이에요.

아, 그래요? 축하합니다.

💬 Dialogue

🎧 MP3 05-1

ナ : 山田さん、お誕生日は いつですか。

山田 : ぼくの 誕生日ですか。3月 17日です。

ナ : 3月 17日！

　　じゃ、来週の 月曜日じゃありませんか。

　　私と 同じ 3月生まれですね。

山田 : え、ナさんの 誕生日は いつですか。

ナ : 3月 14日。

　　実は 明日が 私の 誕生日なんです。

山田 : あ、そうですか。おめでとうございます。

나민아 : 야마다 씨, 생일은 언제예요?
야마다 : 제 생일은 3월 17일이에요.
나민아 : 3월 17일!
　　　그럼 다음주 월요일이잖아요.
　　　저와 같은 3월생이네요.
야마다 : 네? 민아 씨의 생일은 언제예요?
나민아 : 3월 14일요.
　　　실은 내일이 제 생일이에요.
야마다 : 아, 그래요? 축하합니다.

 단어

お誕生日(たんじょうび) 생일 ｜ **いつ** 언제 ｜ **ぼく** 나(남자 1인칭) ｜ **来週**(らいしゅう) 다음 주 ｜ **～と** ~와/과 ｜ **同**(おな)**じ** 같은 ｜ **生**(う)**まれ** ~생, 태생, 출생 ｜ **実**(じつ)**は** 실은 ｜ **明日**(あした) 내일 ｜ **そうですか** 그렇습니까 ｜ **おめでとうございます** 축하합니다

GRAMMAR

1 ## いつですか 　　　　　　　　언제입니까?

お誕生日（たんじょうび）は　いつですか。

休（やす）みは　いつですか。

2 ## ～じゃありませんか 　　　　～(이)지 않습니까?, ～가 아니에요?

山田（やまだ）さんじゃありませんか。

日本語（にほんご）の　先生（せんせい）じゃありませんか。

3 ## ～ですね 　　　　　　　　～이군요, ～이네요

明日（あした）は　金（キム）さんの　お誕生日（たんじょうび）ですね。

もう　春（はる）ですね。

4 ## 生（う）まれ 　　　　　　～생, 태생, 출생

彼女（かのじょ）は　86年（はちじゅうろくねん）生（う）まれです。

カンさんは　ソウル生（う）まれです。

🔍 **단어** --

いつ 언제 ｜ **お誕生日**(たんじょうび) 생일 ｜ **休**(やす)**み** 휴일, 휴가, 방학 ｜ **先生**(せんせい) 선생님 ｜ **明日**(あした) 내일 ｜ **もう** 벌써, 이미, 이제 ｜ **春**(はる) 봄 ｜ **生**(う)**まれ** ～생, 태생, 출생 ｜ **～年**(ねん) ～년 ｜ **ソウル** 서울

何月 몇월

1月	2月	3月	4月	5月	6月
いちがつ	にがつ	さんがつ	しがつ	ごがつ	ろくがつ
7月	**8月**	**9月**	**10月**	**11月**	**12月**
しちがつ	はちがつ	くがつ	じゅうがつ	じゅういちがつ	じゅうにがつ

何日 몇일

日	月	火	水	木	金	土
1日 ついたち	2日 ふつか	3日 みっか	4日 よっか	5日 いつか	6日 むいか	7日 なのか
8日 ようか	9日 ここのか	10日 とおか	11日 じゅういちにち	12日 じゅうににち	13日 じゅうさんにち	14日 じゅうよっか
15日 じゅうごにち	16日 じゅうろくにち	17日 じゅうしちにち	18日 じゅうはちにち	19日 じゅうくにち	20日 はつか	21日 にじゅういちにち
22日 にじゅうににち	23日 にじゅうさんにち	24日 にじゅうよっか	25日 にじゅうごにち	26日 にじゅうろくにち	27日 にじゅうしちにち	28日 にじゅうはちにち
29日 にじゅうくにち	30日 さんじゅうにち	31日 さんじゅういちにち				

～曜日 ～요일

月曜日(げつようび) 월요일　　火曜日(かようび) 화요일　　水曜日(すいようび) 수요일

木曜日(もくようび) 목요일　　金曜日(きんようび) 금요일　　土曜日(どようび) 토요일

日曜日(にちようび) 일요일　　何曜日(なんようび) 무슨 요일

여러 가지 시간 표현

一昨日(おととい) 그저께　　先々週(せんせんしゅう) 지지난주　　先々月(せんせんげつ) 지지난 달

昨日(きのう) 어제　　先週(せんしゅう) 지난주　　先月(せんげつ) 지난달

今日(きょう) 오늘　　今週(こんしゅう) 이번 주　　今月(こんげつ) 이번 달

明日(あした) 내일　　来週(らいしゅう) 다음 주　　来月(らいげつ) 다음 달

明後日(あさって) 모레　　再来週(さらいしゅう) 다다음 주　　再来月(さらいげつ) 다다음 달

LET'S TALK

Ⅰ 다음 보기와 같이 연습해 보세요.

| 보기 |

A: 4日は 何曜日ですか。
　　　よっか　　なんよう び

B: 日曜日です。
　　にちよう び

月	火	水	木	金	土	日
			①	2	3	4
5	6	7	8	⑨	10	11
12	13	⑭	15	16	17	18
⑲	20	21	22	23	㉔	25
26	㉗	28	29	30	31	

1　1日 / 木曜日
　　ついたち　もくよう び

2　9日 / 金曜日
　　ここのか　きんよう び

3　14日 / 水曜日
　　じゅうよっか　すいよう び

4　19日 / 月曜日
　　じゅうくにち　げつよう び

5　24日 / 土曜日
　　にじゅうよっか　どよう び

6　27日 / 火曜日
　　にじゅうしちにち　かよう び

72

Ⅱ 다음 보기와 같이 연습해 보세요.

|보기|

A: 何月 何日ですか。
　　なんがつ なんにち

B: にがつ　じゅうよっかです。（2月 14日）

1

1월

10

いちがつ　とおか
1月　10日

2

3월

3

さんがつ　みっか
3月　3日

3

5월

8

ごがつ　ようか
5月　8日

4

8월

15

はちがつ　じゅうごにち
8月　15日

5

12월

24

じゅうにがつ　にじゅうよっか
12月　24日

🔍단어 --

何月何日(なんがつなんにち) 몇 월 며칠

다음 빈칸에 알맞은 말을 넣어 보세요.

① 내일은 무슨 요일입니까? (何曜日)

あした
明日は _____

② 다음 주 월요일은 며칠입니까? (何日)

らいしゅう
来週の _____

③ 선생님의 생일은 언제입니까? (お誕生日/いつ)

せんせい
先生の _____

④ 몇 월생입니까? (生まれ)

なんがつ
何月 _____

⑤ 오늘은 야마다 씨의 생일이 아닙니까? (~じゃありませんか)

きょう
今日は _____

🔍 **단어** ---

明日(あした) 내일 ︱ **何曜日**(なんようび) 무슨 요일 ︱ **来週**(らいしゅう) 다음 주 ︱ **生**(う)**まれ** 생, 태생 ︱ **今日**(きょう) 오늘 ︱ **~じゃあ
りませんか** ~이지 않습니까?

来
올 래

음독 らい　훈독 来(く)る 오다　一 ァ ァ ァ 平 来 来

| 来 | 来 | 来 | 来 | 来 | 来 |

週
돌 주

음독 しゅう　훈독 めぐる 돌다　) 刀 月 円 円 円 周 周 周 週

| 週 | 週 | 週 | 週 | 週 | 週 |

来週
らい しゅう
다음 주

| 来週 | 来週 | 来週 | 来週 | 来週 | 来週 |

来年
らい ねん
내 년

| 来年 | 来年 | 来年 | 来年 | 来年 | 来年 |

週間
しゅう かん
주 간

| 週間 | 週間 | 週間 | 週間 | 週間 | 週間 |

コンピューター 컴퓨터

| コンピューター | コンピューター | コンピューター | コンピューター |

ボールペン 볼펜

| ボールペン | ボールペン | ボールペン | ボールペン |

ソウル 서울

| ソウル | ソウル | ソウル | ソウル |

그림을 보고 마음에 드는 사람을 골라 생일과 태어난 곳을 물어보세요.

何月生まれですか。

佐藤
1968年 2月 27日
東京生まれ
うお座

鈴木
1975年 3月 24日
大阪 生まれ
おひつじ座

中村
1979年 5月 8日
京都生まれ
おうし座

吉田
1982年 7月 10日
名古屋生まれ
かに座

三木
1984年 9月 13日
神戸生まれ
おとめ座

高橋
1987年 10月 31日
広島生まれ
さそり座

일본 사람들과 생일을 이야기할 때 알아 두면 좋은 별자리

양자리 おひつじ 座
3/21 - 4/19

황소자리 おうし 座
4/20 - 5/20

쌍둥이자리 ふたご 座
5/21-6/21

게자리 かに 座
6/22-7/22

사자자리 しし 座
7/23-8/22

처녀자리 おとめ 座
8/23-9/23

천칭자리 てんびん 座
9/24-10/22

전갈자리 さそり 座
10/23-11/22

사수자리 いて 座
11/23-12/24

염소자리 やぎ 座
12/25-1/19

물병자리 みずがめ 座
1/20-2/18

물고기자리 うお 座
2/19-3/20

日本語は易しくて面白いです。

にほんご　やさ　　　　　おもしろ

일본어는 쉽고 재미있어요.

표현 익히기 い형용사의 정중형과 부정형

💬 Dialogue

🎧 MP3 06-1

山田（やまだ）： ナさん、日本語（にほんご）の 勉強（べんきょう）は どうですか。

ナ： とても 面白（おもしろ）いですよ。

山田（やまだ）： そうですか。

難（むずか）しくありませんか。

ナ： いいえ、ぜんぜん 難（むずか）しくありません。

易（やさ）しくて 面白（おもしろ）いです。

韓国語（かんこくご）の 勉強（べんきょう）は どうですか。

山田（やまだ）： 面白（おもしろ）いですが、発音（はつおん）が 難（むずか）しいです。

ナ： 実（じつ）は 私（わたし）も 漢字（かんじ）が 難（むずか）しくて、大変（たいへん）です。

야마다： 민아 씨, 일본어 공부는 어때요?

나민아： 매우 재미있어요.

야마다： 그래요? 어렵지 않아요?

나민아： 아니요, 전혀 어렵지 않아요.

쉽고 재미있어요.

한국어 공부는 어때요?

야마다： 재미있지만, 발음이 어려워요.

나민아： 실은 저도 한자가 어려워서 힘들어요.

🔍 단어

勉強（べんきょう） 공부 | どうですか 어떠세요? | とても 매우 | 面白（おもしろ）い 재미있다 | ～ですよ ～어요(강조) | 難（むずか）しい 어렵다 | ぜんぜん 전혀 | 易（やさ）しい 쉽다 | 韓国語（かんこくご） 한국어 | 発音（はつおん） 발음 | ～も ～도 | 漢字（かんじ） 한자 | 大変（たいへん）だ 큰일이다, 힘들다

GRAMMAR

1

い형용사 : 기본형이 い로 끝나는 형용사

1. い형용사의 기본형 + ～です   ～(ㅂ)니다 (정중형)

山田さんの　会社は　大きいです。

日本語の　勉強は　面白いです。

今日は　天気が　いいです。

2. い형용사의 어간 + ～くないです / ～くありません

～(하)지 않습니다 (정중한 부정형)

私の　部屋は　あまり　広くないです。(= 広くありません)

日本語は　難しくないです。(= 難しくありません)

今日は　暑くないです。(= 暑くありません)

3. い형용사의 기본형 + 명사   ～한 (수식형)

熱い　コーヒー

冷たい　ビール

辛い　キムチ

 단어 --

会社(かいしゃ) 회사 ｜ **大**(おお)**きい** 크다 ｜ **勉強**(べんきょう) 공부 ｜ **面白**(おもしろ)**い** 재미있다 ｜ **今日**(きょう) 오늘 ｜ **天気**(てんき) 날씨 ｜ **いい** 좋다 ｜ **部屋**(へや) 방 ｜ **あまり** 그다지, 별로 ｜ **広**(ひろ)**い** 넓다 ｜ **難**(むずか)**しい** 어렵다 ｜ **暑**(あつ)**い** 덥다 ｜ **熱**(あつ)**い** 뜨겁다 ｜ **コーヒー** 커피 ｜ **冷**(つめ)**たい** 차갑다 ｜ **ビール** 맥주 ｜ **辛**(から)**い** 맵다 ｜ **キムチ** 김치

4. い형용사의 어간 + 〜くて

① 〜(하)고 (나열)

易_{やさ}しくて 面白_{おもしろ}い 日本語_{にほんご}

大_{おお}きくて 高_{たか}い 車_{くるま}

② 〜이어서 (이유 설명)

漢字_{かんじ}が 難_{むずか}しくて、大変_{たいへん}です。

駅_{えき}が 近_{ちか}くて、いいです。

---

2 〜よ   뜻은 없이 어미 뒤에 붙어 강조

この ケーキは とても おいしいですよ。

今日_{きょう}は 本当_{ほんとう}に 寒_{さむ}いですよ。

日本語_{にほんご}の 先生_{せんせい}は とても 面白_{おもしろ}いですよ。

 단어

易(やさ)しい 쉽다 | 大(おお)きい 크다 | 高(たか)い 비싸다 | 車(くるま) 차 | 漢字(かんじ) 한자 | 大変(たいへん)だ 힘들다 | 駅(えき) 역 | 近(ちか)い 가깝다 | ケーキ 케이크 | とても 매우 | おいしい 맛있다 | 本当(ほんとう)に 정말, 매우 | 寒(さむ)い 춥다

LET'S TALK

Ⅰ 다음 보기와 같이 연습해 보세요.

🎧 MP3 Lesson 06-2

| 보기 |

A: 会社は 家から 近いですか。

B: いいえ、近くありません。遠いです。

1 A: この カメラは 大きいですか。

B: _____

2 A: 部屋は 広いですか。

B: _____

3 A: 夏は 寒いですか。

B: _____

4 A: キムチは 甘いですか。

B: _____

5 A: この 車は 新しいですか。

B: _____

家(いえ) 집 │ 近(ちか)い 가깝다 │ 遠(とお)い 멀다 │ カメラ 카메라 │ 大(おお)きい 크다 │ 小(ちい)さい 작다 │ 部屋(へや) 방 │ 広(ひろ)い 넓다 │ 狭(せま)い 좁다 │ 夏(なつ) 여름 │ 寒(さむ)い 춥다 │ 暑(あつ)い 덥다 │ キムチ 김치 │ 甘(あま)い 달다 │ 辛(から)い 맵다 │ 車(くるま) 차 │ 新(あたら)しい 새롭다 │ 古(ふる)い 낡다, 오래되다

Ⅱ 다음 보기와 같이 연습해 보세요.

> | 보기 |
>
> A: どんな 車(くるま)ですか。
>
> B: 大(おお)きくて 高(たか)い 車(くるま)です。

1　A: どんな 先生(せんせい)ですか。

　　B: ＿＿＿＿＿＿＿＿＿＿＿＿＿＿

　　　優(やさ)しい / 面白(おもしろ)い

2　A: どんな かばんですか。

　　B: ＿＿＿＿＿＿＿＿＿＿＿＿＿＿

　　　小(ちい)さい / かわいい

3　A: どんな コーヒーですか。

　　B: ＿＿＿＿＿＿＿＿＿＿＿＿＿＿

　　　熱(あつ)い / おいしい

4　A: どんな 店(みせ)ですか。

　　B: ＿＿＿＿＿＿＿＿＿＿＿＿＿＿

　　　新(あたら)しい / 広(ひろ)い

5　A: どんな 天気(てんき)ですか。

　　B: ＿＿＿＿＿＿＿＿＿＿＿＿＿＿

　　　暖(あたた)かい / いい

🔍 단어 --

どんな 어떤 ｜ 高(たか)い 비싸다 ｜ 優(やさ)しい 상냥하다 ｜ 小(ちい)さい 작다 ｜ かわいい 귀엽다 ｜ 熱(あつ)い 뜨겁다 ｜ おいしい
맛있다 ｜ 店(みせ) 가게 ｜ 新(あたら)しい 새롭다 ｜ 広(ひろ)い 넓다 ｜ 天気(てんき) 날씨 ｜ 暖(あたた)かい 따뜻하다 ｜ いい 좋다

EXERCISE

다음 빈칸에 알맞은 말을 넣어 보세요.

❶ 일본어는 쉽고 재미있습니다. (易しい / 面白い)

日本語は _____

❷ 차가운 맥주 주세요. (ビール)

冷たい _____

❸ 이 휴대전화는 작고 가볍습니다. (小さい / 軽い)

この ケータイ _____

❹ 이 가게의 라면은 싸고 맛있습니다. (ラーメン / 安い / おいしい)

この 店_____

❺ 이것은 달고 맛있는 케이크입니다. (甘い / ケーキ)

これは _____

 단어 ---

易(やさ)しい 쉽다 | 面白(おもしろ)い 재미있다 | 冷(つめ)たい 차갑다 | ビール 맥주 | ケータイ 휴대전화 | 小(ちい)さい 작다 |
軽(かる)い 가볍다 | 店(みせ) 가게 | ラーメン 라면 | 安(やす)い 싸다 | おいしい 맛있다 | 甘(あま)い 달다 | ケーキ 케이크

大
큰 대

음독 だい　훈독 大(おお)きい ヨ다　一 ナ 大

大	大	大	大	大	大

小
작을 소

음독 しょう　훈독 小(ちい)さい 작다　亅 小 小

小	小	小	小	小	小

大学
だい がく
대　학

大学	大学	大学	大学	大学	大学

小学校
しょう がっ こう
초등학교

小学校	小学校	小学校	小学校	小学校	小学校

ビール 맥주

ビール	ビール	ビール	ビール

ラーメン 라면

ラーメン	ラーメン	ラーメン	ラーメン

キムチ 김치

キムチ	キムチ	キムチ	キムチ

FUN & TALK

 다음은 여러 가지 い형용사입니다. 그림을 보면서 서로 얘기해 보세요.

<ruby>大<rt>おお</rt></ruby>きい
크다

<ruby>小<rt>ちい</rt></ruby>さい
작다

<ruby>新<rt>あたら</rt></ruby>しい
새롭다

<ruby>古<rt>ふる</rt></ruby>い
오래되다

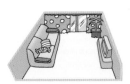

<ruby>広<rt>ひろ</rt></ruby>い
넓다

<ruby>狭<rt>せま</rt></ruby>い
좁다

おもしろい
재미있다

つまらない
재미없다

<ruby>遠<rt>とお</rt></ruby>い
멀다

<ruby>近<rt>ちか</rt></ruby>い
가깝다

<ruby>暖<rt>あたた</rt></ruby>かい
따뜻하다

<ruby>涼<rt>すず</rt></ruby>しい
시원하다

あつ
暑い
덥다

さむ
寒い
춥다

たか
高い
높다

ひく
低い
낮다

たか
高い
비싸다

やす
安い
싸다

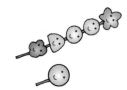

なが
長い
길다

みじか
短い
짧다

あつ
熱い
뜨겁다

つめ
冷たい
차갑다

かる
軽い
가볍다

おも
重い
무겁다

いい
좋다

わる
悪い
나쁘다

むずか
難しい
어렵다

やさ
易しい
쉽다

賑やかで有名な町です。
にぎ　　　　　　ゆうめい　　　まち

번화하고 유명한 거리예요.

표현 익히기　な형용사의 정중형과 부정형

💬 Dialogue

🎧 MP3 07-1

姜(カン): 原宿(はらじゅく)は どんな 町(まち)ですか。

山田(やまだ): 原宿(はらじゅく)ですか。

賑(にぎ)やかで 有名(ゆうめい)な 町(まち)です。

いつも ファッショナブルな 若者(わかもの)たちで いっぱいです。

姜(カン): そうですか。

山田(やまだ): ソウルの 町(まち)の 中(なか)では どこが 有名(ゆうめい)ですか。

姜(カン): そうですね。

ミョンドンや アックジョンなどの 町(まち)が 有名(ゆうめい)ですが、

私(わたし)は アックジョンが いいです。

スリムで きれいな 女性(じょせい)が 多(おお)いですから。

山田(やまだ): まったく、姜(カン)さんは。

강한척: 하라주쿠는 어떤 곳이에요?

야마다: 하라주쿠 말입니까?

번화하고 유명한 거리예요. 항상 패셔너블한 젊은이들이 가득하죠.

강한척: 그렇군요.

야마다: 서울의 거리 중에서는 어디가 유명합니까?

강한척: 글쎄요. 명동이나 압구정 등의 거리가 유명합니다만, 저는 압구정이 좋아요.

날씬하고 예쁜 여자가 많아서요.

야마다: 한척 씨도 참.

🔍 단어

原宿(はらじゅく) 하라주쿠(일본 지명) | どんな 어떤 | 町(まち) 거리, 동네 | 賑(にぎ)やかだ 번화하다, 번잡하다 | 有名(ゆうめい)だ 유명하다 | いつも 언제나 | ファッショナブルだ 패셔너블하다, 최신 유행의 차림을 하다 | 若者(わかもの) 젊은이 | ~たち ~들(복수 접미어) | ~で ~로 | いっぱい 가득 | ~中(なか) ~중 | ~や ~이나 | ~など ~등 | ~が ~만 | いい 좋다 | スリムだ 날씬하다 | きれいだ 예쁘다 | 女性(じょせい) 여성 | 多(おお)い 많다 | まったく 정말이지, 완전히

GRAMMAR

1

な형용사(형용동사) : 기본형이 ～だ로 끝나는 형용사

1. な형용사의 어간 + ～です   ～(ㅂ)니다 (정중형)

この 町は 有名です。

先生は 親切です。

事務室は 静かです。

2. な형용사의 어간 + ～では[じゃ]ありません / ～では[じゃ]ないです

          ～(하)지 않습니다 (정중한 부정형)

金さんの 会社は あまり 有名では[じゃ]ありません。

彼女は 親切では[じゃ]ありません。

教室は 静かでは[じゃ]ありません。

3. な형용사의 어간 + な + 명사   ～한 (수식형)

元気な 子供

有名な 会社

賑やかな 町

 단어 --

有名(ゆうめい)だ 유명하다 ｜ 親切(しんせつ)だ 친절하다 ｜ 事務室(じむしつ) 사무실 ｜ 静(しず)かだ 조용하다 ｜ 会社(かいしゃ) 회사 ｜

彼女(かのじょ) 그녀 ｜ 教室(きょうしつ) 교실 ｜ 元気(げんき)だ 건강하다 ｜ 子供(こども) 아이 ｜ 賑(にぎ)やかだ 번화하다

4. な형용사의 어간 + ～で

❶ ～(하)고 (나열)

きれいで 親切<ruby>しんせつ</ruby>な 店員<ruby>てんいん</ruby>

真面目<ruby>まじめ</ruby>で ハンサムな 人<ruby>ひと</ruby>

❷ ～이어서 (이유 설명)

ここは 静<ruby>しず</ruby>かで、 いいです。

彼女<ruby>かのじょ</ruby>は きれいで、 人気<ruby>にんき</ruby>が あります。

❷ ～から
～때문에, ～(하)니까 (이유 설명)

あの 店<ruby>みせ</ruby>が どうして いいですか。

→ 交通<ruby>こうつう</ruby>が 便利<ruby>べんり</ruby>ですから。

→ 店員<ruby>てんいん</ruby>が 親切<ruby>しんせつ</ruby>ですから。

→ 料理<ruby>りょうり</ruby>が 安<ruby>やす</ruby>くて おいしいですから。

외래어와 관련된 な형용사

ハンサムだ 잘생기다	スリムだ 날씬하다
ファッショナブルだ 패셔너블하다	リッチだ 부유하다

 단어 -

きれいだ 예쁘다 | 店員(てんいん) 점원 | 真面目(まじめ)だ 성실하다 | 人(ひと) 사람 | 人気(にんき) 인기 | あります 있습니다 |
どうして 어째서, 왜 | 交通(こうつう) 교통 | 便利(べんり)だ 편리하다 | 料理(りょうり) 요리 | 安(やす)い 싸다

LET'S TALK

Ⅰ 다음 보기와 같이 연습해 보세요.

|보기|

A: 地下鉄は 便利ですか。

B: はい、便利です。

いいえ、便利ではありません。

1

中村さん / ハンサムだ /
はい

2

金さん / 親切だ /
はい

3

ダンス / 上手だ /
はい

4

この 車 / きれいだ /
いいえ

5

町 / 静かだ /
いいえ

🔍 단어 ---

地下鉄(ちかてつ) 지하철 │ 便利(べんり)だ 편리하다 │ ハンサムだ 잘생기다 │ 親切(しんせつ)だ 친절하다 │ ダンス 춤, 댄스 │ 上手(じょうず)だ 잘하다, 능숙하다 │ 車(くるま) 차 │ きれいだ 깨끗하다 │ 町(まち) 거리, 마을 │ 静(しず)かだ 조용하다

Ⅱ 다음 보기와 같이 연습해 보세요.

> | 보기 |
>
> A: どんな 町^{まち}ですか。
>
> B: 賑^{にぎ}やかで 有名^{ゆうめい}な 町^{まち}です。

1

人^{ひと}

ハンサムだ / リッチだ

2

学生^{がくせい}

元気^{げんき}だ / 真面目^{まじめ}だ

3

モデル

スリムだ / きれいだ

4

仕事^{しごと}

簡単^{かんたん}だ / 楽^{らく}だ

5

先生^{せんせい}

親切^{しんせつ}だ / すてきだ

🔍 **단어** ---

どんな 어떤 ｜ 賑(にぎ)やかだ 번화하다, 번잡하다 ｜ 有名(ゆうめい)だ 유명하다 ｜ リッチだ 부유하다 ｜ 元気(げんき)だ 건강하다, 활달하다 ｜ 真面目(まじめ)だ 성실하다 ｜ モデル 모델 ｜ スリムだ 날씬하다 ｜ きれいだ 예쁘다 ｜ 仕事(しごと) 일 ｜ 簡単(かんたん)だ 간단하다 ｜ 楽(らく)だ 편하다 ｜ すてきだ 멋있다, 훌륭하다

EXERCISE

다음 빈칸에 알맞은 말을 넣어 보세요.

① 교통은 편리합니까? (便利だ)

こうつう
交通は _____

② 교실은 조용하지 않습니다. (静かだ)

きょうしつ
教室は _____

③ 야마다 씨는 성실한 사람입니다. (真面目だ / 人)

やまだ
山田さんは _____

④ 그녀는 날씬하고 예쁩니다. (スリムだ / きれいだ)

かのじょ
彼女は _____

⑤ 튼튼하고 멋진 차입니다. (すてきだ / 車)

じょうぶ
丈夫で _____

 단어 -

交通(こうつう) 교통 ┃ **便利**(べんり)**だ** 편리하다 ┃ **教室**(きょうしつ) 교실 ┃ **静**(しず)**かだ** 조용하다 ┃ **真面目**(まじめ)**だ** 성실하다 ┃ **人** (ひと) 사람 ┃ **スリムだ** 날씬하다 ┃ **きれいだ** 예쁘다 ┃ **丈夫**(じょうぶ)**だ** 튼튼하다 ┃ **すてきだ** 멋지다 ┃ **車**(くるま) 차

親
친할 친

음독 しん 훈독 親(おや) 부모 / 親(した)しい 친하다   亠 立 굳 辛 亲 亲 新 新 親 親

| 親 | 親 | 親 | 親 | 親 | 親 |

切
자를 절

음독 せつ 절 훈독 切(き)る 자르다   一 七 七刀 切

| 切 | 切 | 切 | 切 | 切 | 切 |

親切
しん せつ
친 절

| 親切 | 親切 | 親切 | 親切 | 親切 | 親切 |

両親
りょう しん
양 친

| 両親 | 両親 | 両親 | 両親 | 両親 | 両親 |

大切
たい せつ
중요함

| 大切 | 大切 | 大切 | 大切 | 大切 | 大切 |

ハンサム 잘생김

| ハンサム | ハンサム | ハンサム | ハンサム |

スリム 날씬함

| スリム | スリム | スリム | スリム |

モデル 모델

| モデル | モデル | モデル | モデル |

FUN & TALK

다음 な 형용사를 이용하여 다양한 표현을 말해 보세요.

예 彼は ハンサムですか。

静かだ
조용하다

賑やかだ
번화하다, 번잡하다

便利だ
편리하다

不便だ
불편하다

親切だ
친절하다

不親切だ
불친절하다

ハンサムだ
핸섬하다

きれいだ
예쁘다, 깨끗하다

真面目だ
성실하다

不真面目だ
불성실하다

貧乏だ
가난하다

リッチだ
부유하다

安心だ
あんしん
안심하다

心配だ
しんぱい
걱정하다

安全だ
あんぜん
안전하다

危険だ
きけん
위험하다

好きだ
す
좋아하다

嫌いだ
きら
싫어하다

上手だ
じょうず
잘하다

下手だ
へた
못하다

元気だ
げんき
건강하다

丈夫だ
じょうぶ
튼튼하다

大丈夫だ
だいじょうぶ
괜찮다

立派だ
りっぱ
훌륭하다

有名だ
ゆうめい
유명하다

同じだ
おな
같다

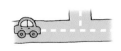

簡単だ
かんたん
간단하다

複雑だ
ふくざつ
복잡하다

どんな音楽が好きですか。

<ruby>音<rt>おん</rt></ruby><ruby>楽<rt>がく</rt></ruby>　<ruby>好<rt>す</rt></ruby>

어떤 음악을 좋아하세요?

표현 익히기) 최상급과 비교 구문

💬 Dialogue

🎧 MP3 08-1

山田(やまだ)： ナさんは どんな 音楽(おんがく)が 好(す)きですか。

ナ： 私(わたし)は 静(しず)かな 音楽(おんがく)が 好(す)きです。

山田(やまだ)： じゃ、バラードと クラシックと どちらが

好(す)きですか。

ナ： クラシックの ほうが 好(す)きです。

山田(やまだ)さんは?

山田(やまだ)： 私(わたし)は クラシックは ちょっと…。

演歌(えんか)が 一番(いちばん) 好(す)きです。

いつか カラオケで 私(わたし)の 十八番(じゅうはちばん)を…。

ナ： いいですね。

야마다: 민아 씨는 어떤 음악을 좋아하세요?

나민아: 저는 조용한 음악을 좋아해요.

야마다: 그럼, 발라드나 클래식 중 어느 것이 좋아요?

나민아: 클래식 쪽이 좋아요.
야마다 씨는요?

야마다: 저는 클래식은 좀…….
엔카를 가장 좋아합니다.
언젠가 노래방에서 제 18번을…….

나민아: 좋죠~.

🔍 **단어** -

どんな 어떤 │ 音楽(おんがく) 음악 │ ～が ～이 │ 好(す)きだ 좋아하다 │ 静(しず)かだ 조용하다 │ じゃ 그럼 │ バラード 발라드 │
～と ～와 │ クラシック 클래식 │ どちら 어느 쪽 │ ～ほう ～쪽 │ ちょっと 좀 │ 演歌(えんか) 엔카 │ 一番(いちばん) 가장, 제일 │
いつか 언젠가 │ カラオケ 노래방 │ ～で ～에서 │ 十八番(じゅうはちばん) 18번(특기곡) │ ～を ～을 │ いいですね 좋죠

GRAMMAR

①
〜が 好<す>きです
〜을(를) 좋아합니다

音楽<おんがく>が 好<す>きです。

料理<りょうり>が 上手<じょうず>です。

スポーツが 下手<へた>です。

②
どんな〜が 好<す>きですか
어떤 〜을(를) 좋아하세요?

どんな 音楽<おんがく>が 好<す>きですか。

どんな 料理<りょうり>が 上手<じょうず>ですか。

どんな スポーツが 好<す>きですか。

③
비교 구문

1. Aと Bと どちらが 〜ですか   A와 B (둘 중에서) 어느 쪽을 (더) 〜하세요?

海<うみ>と 山<やま>と どちらが 好<す>きですか。

東京<とうきょう>と ソウルと どちらが 寒<さむ>いですか。

2. Aより Bのほうが 〜です   A보다 B쪽을 (더) 〜해요

山<やま>より 海<うみ>のほうが 好<す>きです。

東京<とうきょう>より ソウルのほうが 寒<さむ>いです。

🔍 **단어** --

音楽(おんがく) 음악 ｜ 好(す)きだ 좋아하다 ｜ 料理(りょうり) 요리 ｜ 上手(じょうず)だ 잘하다, 능숙하다 ｜ スポーツ 스포츠 ｜ 下手(へた)だ 서투르다, 잘 못하다 ｜ 海(うみ) 바다 ｜ 山(やま) 산 ｜ 東京(とうきょう) 도쿄 ｜ ソウル 서울 ｜ 寒(さむ)い 춥다 ｜ 〜より 〜보다

4 **최상급 구문**

1. 一番(いちばん)　　　　　　　　　　가장, 제일

一番(いちばん) 有名(ゆうめい)です。

一番(いちばん) 好(す)きです。

一番(いちばん) 上手(じょうず)です。

2. 〜の 中(なか)で　　　　　　　　〜(의) 중에서

ソウルの 町(まち)の 中(なか)で 一番(いちばん) 有名(ゆうめい)です。

季節(きせつ)の 中(なか)で 秋(あき)が 一番(いちばん) 好(す)きです。

外国語(がいこくご)の 中(なか)で 日本語(にほんご)が 一番(いちばん) 上手(じょうず)です。

3. 何(なに) / いつ / だれ / どこ / どれ　무엇 / 언제 / 누구 / 어디 / 어느 것

料理(りょうり)の 中(なか)で 何(なに)が 一番(いちばん) 好(す)きですか。

季節(きせつ)の 中(なか)で いつが 一番(いちばん) 好(す)きですか。

歌手(かしゅ)の 中(なか)で だれが 一番(いちばん) 好(す)きですか。

町(まち)の 中(なか)で どこが 一番(いちばん) 賑(にぎ)やかですか。

りんごと みかんと なしの 中(なか)で どれが 一番(いちばん) 好(す)きですか。

🔍 **단어** --

一番(いちばん) 가장 ｜ **町**(まち) 마을, 거리(= **街**(まち)) ｜ **〜の中**(なか)**で** 〜 중에서 ｜ **季節**(きせつ) 계절 ｜ **秋**(あき) 가을 ｜ **外国語**(がいこくご) 외국어 ｜ **歌手**(かしゅ) 가수 ｜ **賑**(にぎ)**やかだ** 번화하다, 번잡하다 ｜ **りんご** 사과 ｜ **みかん** 귤 ｜ **なし** 배

LET'S TALK

Ⅰ 다음 보기와 같이 연습해 보세요.

🎧 MP3 Lesson 08-2

|보기|
A: 犬と 猫と どちらが 好きですか。

B: 犬のほうが 好きです。

1 A: 日本語と 英語と どちらが 上手ですか。

B: 日本語＿＿＿＿＿＿＿＿＿＿＿＿＿＿＿＿＿。

2 A: バスと 地下鉄と どちらが 便利ですか。

B: 地下鉄＿＿＿＿＿＿＿＿＿＿＿＿＿＿＿。

3 A: お金と 健康と どちらが 大切ですか。

B: 健康＿＿＿＿＿＿＿＿＿＿＿＿＿＿＿＿。

4 A: 恋人と 友だちと どちらが いいですか。

B: 恋人＿＿＿＿＿＿＿＿＿＿＿＿＿＿＿＿。

5 A: 家族と 仕事と どちらが 重要ですか。

B: 家族＿＿＿＿＿＿＿＿＿＿＿＿＿＿＿＿。

🔍 단어 --

犬(いぬ) 개 ｜ 猫(ねこ) 고양이 ｜ 日本語(にほんご) 일본어 ｜ 英語(えいご) 영어 ｜ 上手(じょうず)だ 잘하다 ｜ バス 버스 ｜ 地下鉄(ちか
てつ) 지하철 ｜ 便利(べんり)だ 편리하다 ｜ お金(かね) 돈 ｜ 健康(けんこう) 건강 ｜ 大切(たいせつ)だ 소중하다 ｜ 恋人(こいびと) 애인 ｜
友(とも)だち 친구 ｜ いい 좋다 ｜ 家族(かぞく) 가족 ｜ 仕事(しごと) 일 ｜ 重要(じゅうよう)だ 중요하다

Ⅱ 다음 보기와 같이 연습해 보세요.

| 보기 |

A: スポーツの 中で 何が 一番 好きですか。

B: 野球が 一番 好きです。

1　A: 果物の 中で 何が 一番 好きですか。

　　B: _____

2　A: 歌手の 中で だれが 一番 好きですか。

　　B: _____

3　A: 四季の 中で いつが 一番 好きですか。

　　B: _____

4　A: 韓国の 山の 中で どこが 一番 好きですか。

　　B: _____

5　A: コーヒーと 紅茶と コーラの 中で どれが 一番 好きですか。

　　B: _____

🔍 단어 ---

スポーツ 스포츠 ｜ 野球(やきゅう) 야구 ｜ 果物(くだもの) 과일 ｜ 歌手(かしゅ) 가수 ｜ 四季(しき) 사계절 ｜ 韓国(かんこく) 한국 ｜ 山
(やま) 산 ｜ コーヒー 커피 ｜ 紅茶(こうちゃ) 홍차 ｜ コーラ 콜라

EXERCISE

다음 빈칸에 알맞은 말을 넣어 보세요.

1 어떤 사람을 좋아합니까?

どんな _____

2 서울하고 도쿄 어느 쪽이 큽니까? (東京^{とうきょう})

ソウルと _____

3 영어보다 일본어 쪽을 잘합니다.

英語^{えいご}より _____

4 계절 중에서 봄을 가장 좋아합니다. (春^{はる})

季節^{きせつ} _____

5 스포츠 중에서 축구를 가장 좋아합니다. (サッカー)

スポーツ _____

 단어 --

人(ひと) 사람 | **ソウル** 서울 | **東京**(とうきょう) 도쿄 | **英語**(えいご) 영어 | **季節**(きせつ) 계절 | **春**(はる) 봄 | **スポーツ** 스포츠 |
サッカー 축구

한자 연습

海 바다 해
음독 かい 훈독 海(うみ) 바다 氵 汔 汁 海 海 海

| 海 | 海 | 海 | 海 | 海 | 海 |

山 뫼 산
음독 さん 훈독 山(やま) 산 丨 山 山

| 山 | 山 | 山 | 山 | 山 | 山 |

海外 해 외

| 海外 | 海外 | 海外 | 海外 | 海外 | 海外 |

富士山 후 지 산

| 富士山 | 富士山 | 富士山 | 富士山 | 富士山 | 富士山 |

외래어 연습

スポーツ 스포츠

| スポーツ | スポーツ | スポーツ | スポーツ |

バス 버스

| バス | バス | バス | バス |

コーラ 콜라

| コーラ | コーラ | コーラ | コーラ |

FUN & TALK

다음 な형용사를 이용하여 다양한 표현을 말해 보세요.

예 何が 好きですか。

どちらが 好きですか。

何が 一番 好きですか。

飲み物 / 果物　음료와 과일

コーヒー 커피　　ジュース 주스　　コーラ 콜라　　紅茶 홍차

緑茶 녹차　　ミルク 우유　　ワイン 와인　　ビール 맥주

みかん 귤　　りんご 사과　　なし 배　　かき 감

もも 복숭아　　ぶどう 포도　　いちご 딸기　　すいか 수박　　オレンジ 오렌지

季節/スポーツ 　계절과 스포츠

はる
春
봄

なつ
夏
여름

あき
秋
가을

ふゆ
冬
겨울

サッカー
축구

やきゅう
野球
야구

すいえい
水泳
수영

バスケット(ボール)
농구

テニス
테니스

スノーボード
스노보드

ボクシング
복싱

インラインスケート
인라인스케이트

バドミントン
배드민턴

スキー
스키

アイススケート
아이스 스케이트

ゴルフ
골프

クラスに学生は何人いますか。

반에 학생은 몇 명 있어요?

표현 익히기 생물과 무생물의 존재 표현 / 위치와 장소 표현

💬 Dialogue

田中：姜さんの 日本語 学校は どこに ありますか。

姜：鐘路に あります。

　　ソウルシネマの 近くです。

田中：そうですか。

　　クラスに 学生は 何人 いますか。

姜：8人 います。

田中：かわいい 女の子も いますか。

姜：はい、それで 授業が とても 楽しいです。

田中：ハハハ、いったい 勉強の 目的は 何ですか。

다나카: 한척 씨의 일본어 학원은 어디에 있어요?

강한척: 종로에 있어요.

　　　서울시네마 근처예요.

다나카: 그래요?

　　　반에 학생이 몇 명 있어요?

강한척: 8명요.

다나카: 귀여운 여자도 있어요?

강한척: 네, 그래서 수업이 정말 즐거워요.

다나카: 하하하, 도대체 공부의 목적이 뭐예요?

🔍 단어

どこ 어디 ｜ ~に ~에 ｜ ありますか 있습니까(무생물) ｜ あります 있습니다(무생물) ｜ シネマ 시네마 ｜ 近(ちか)く 근처 ｜ クラス 반, 클래스 ｜ 何人(なんにん) 몇 명 ｜ いますか 있습니까(생물) ｜ います 있습니다(생물) ｜ かわいい 귀엽다 ｜ 女(おんな)の子(こ) 여자아이 ｜ ~も ~도 ｜ それで 그래서 ｜ 授業(じゅぎょう) 수업 ｜ とても 매우 ｜ 楽(たの)しい 즐겁다 ｜ いったい 도대체 ｜ 勉強(べんきょう) 공부 ｜ 目的(もくてき) 목적

①

あります / ありません　　　있습니다 / 없습니다 (무생물, 식물)

机(つくえ)と いすが あります。

木(き)や 花(はな)が あります。

現金(げんきん)は ありません。

②

います / いません　　　있습니다 / 없습니다 (생물 : 사람, 동물)

先生(せんせい)が います。

犬(いぬ)が います。

恋人(こいびと)は いません。

③

～に あります / います　　　～에 있습니다

会社(かいしゃ)は 駅(えき)の そばに あります。

本(ほん)は 机(つくえ)の 上(うえ)に あります。

先生(せんせい)は 教室(きょうしつ)の 中(なか)に います。

猫(ねこ)は テーブルの 下(した)に います。

🔍 단어 -

机(つくえ) 책상 | **〜と** 〜와 | **いす** 의자 | **木**(き) 나무 | **〜や** 〜랑 | **花**(はな) 꽃 | **現金**(げんきん) 현금 | **先生**(せんせい) 선생님 | **犬**(いぬ) 개 | **恋人**(こいびと) 애인 | **会社**(かいしゃ) 회사 | **駅**(えき) 역 | **そば** 옆 | **本**(ほん) 책 | **上**(うえ) 위 | **教室**(きょうしつ) 교실 | **中**(なか) 안, 속 | **猫**(ねこ) 고양이 | **テーブル** 테이블 | **下**(した) 아래

110

4 **どこに ありますか / どこに いますか**　어디에 있습니까?

<ruby>会社<rt>かいしゃ</rt></ruby>は どこに ありますか。

<ruby>本<rt>ほん</rt></ruby>は どこに ありますか。

<ruby>先生<rt>せんせい</rt></ruby>は どこに いますか。

<ruby>猫<rt>ねこ</rt></ruby>は どこに いますか。

위치를 나타내는 말

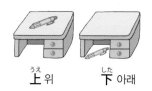

<ruby>上<rt>うえ</rt></ruby> 위　　<ruby>下<rt>した</rt></ruby> 아래

<ruby>右<rt>みぎ</rt></ruby> 오른쪽　　<ruby>左<rt>ひだり</rt></ruby> 왼쪽

<ruby>中<rt>なか</rt></ruby> 안　　<ruby>外<rt>そと</rt></ruby> 밖

<ruby>前<rt>まえ</rt></ruby> 앞　　<ruby>後ろ<rt>うし</rt></ruby> 뒤

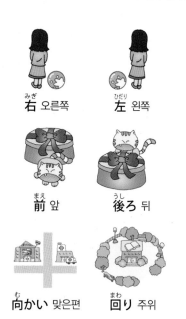

<ruby>隣<rt>となり</rt></ruby> 이웃　　そば 옆　　<ruby>向かい<rt>む</rt></ruby> 맞은편　　<ruby>回り<rt>まわ</rt></ruby> 주위

사람 수 세는 말

一人(ひとり) 한 명	**二人**(ふたり) 두 명	**三人**(さんにん) 세 명	**四人**(よにん) 네 명
五人(ごにん) 다섯 명	**六人**(ろくにん) 여섯 명	**七人**(しちにん) 일곱 명	**八人**(はちにん) 여덟 명
九人(きゅうにん) 아홉 명	**十人**(じゅうにん) 열 명	**何人**(なんにん) 몇 명	

LET'S TALK

Ⅰ 다음 보기와 같이 연습해 보세요.

🎧 MP3 Lesson 09-2

| 보기 |

A: ボールペンは どこに ありますか。

B: ボールペンは ノートの 横_{よこ}に あります。

1

本_{ほん} / 机_{つくえ}の 上_{うえ}

2

財布_{さいふ} / かばんの 中_{なか}

3

雑誌_{ざっし} / ソファーの 下_{した}

4

山田_{やまだ}さん / 田中_{たなか}さんの 隣_{となり}

5

猫_{ねこ} / カンさんの 前_{まえ}

🔍 단어 --

ボールペン 볼펜 | ノート 노트 | 横(よこ) 옆 | 本(ほん) 책 | 机(つくえ) 책상 | 上(うえ) 위 | 財布(さいふ) 지갑 | かばん 가방 |
中(なか) 안 | 雑誌(ざっし) 잡지 | ソファー 소파 | 下(した) 밑, 아래 | 隣(となり) 옆, 이웃 | 猫(ねこ) 고양이 | 前(まえ) 앞

Ⅱ 다음 보기와 같이 연습해 보세요.

| 보기 |
A: 会社(かいしゃ)は どこに ありますか。

B: 会社(かいしゃ)は 駅(えき)の 近(ちか)くに あります。

1 銀行(ぎんこう) / 会社(かいしゃ)の 隣(となり)

2 デパート / 郵便局(ゆうびんきょく)の 前(まえ)

3 コンビニ / 郵便局(ゆうびんきょく)の 近(ちか)く

4 郵便局(ゆうびんきょく) / デパートの 後(うし)ろ

5 本屋(ほんや) / 銀行(ぎんこう)の 向(む)かい

🔍 단어 --

会社(かいしゃ) 회사 | 駅(えき) 역 | 近(ちか)く 근처 | 銀行(ぎんこう) 은행 | 隣(となり) 옆 | デパート 백화점 | 郵便局(ゆうびんき
ょく) 우체국 | 前(まえ) 앞 | コンビニ 편의점 | 後(うし)ろ 뒤 | 本屋(ほんや) 서점 | 向(む)かい 맞은편

Ⅲ 다음 보기와 같이 연습해 보세요.

| 보기 |

A: 学生(がくせい)は 何人(なんにん) いますか。

B: 八人(はちにん) います。

1

女(おんな)の子(こ) / 三人(さんにん)

2

男(おとこ)の子(こ) / 五人(ごにん)

3

日本人(に ほんじん) / 二人(ふたり)

4

子供(こ ども) / 一人(ひとり)も いない

🔍 단어 --

女(おんな)の子(こ) 여자아이 | 男(おとこ)の子(こ) 남자아이 | 子供(こども) 아이 | 一人(ひとり)も 한 사람도 | いない 없다

EXERCISE

다음 빈칸에 알맞은 말을 넣어 보세요.

❶ 가방은 책상 위에 있습니다. (机/上)

かばんは _____

❷ 은행은 회사 앞에 있습니다. (前)

銀行は _____

❸ 일본인 친구가 있습니다. (友達)

日本人 _____

❹ 집에 귀여운 강아지가 있습니다. (かわいい/子犬)

家に _____

❺ 오늘은 일이 없습니다. (仕事)

今日は _____

❻ 방에 고양이는 없습니다. (猫)

部屋に _____

🔍 **단어** --

かばん 가방 | **机**(つくえ) 책상 | **上**(うえ) 위 | **銀行**(ぎんこう) 은행 | **前**(まえ) 앞 | **友達**(ともだち) 친구 | **家**(いえ) 집 | **かわいい** 귀엽다 | **子犬**(こいぬ) 강아지 | **今日**(きょう) 오늘 | **仕事**(しごと) 일 | **部屋**(へや) 방 | **猫**(ねこ) 고양이

한자 연습

銀
은 은

| 음독 ぎん | 훈독 しろがね은 | ノ ト ム 牟 余 金 釦 釘 鈩 銀 |

| 銀 | 銀 | 銀 | 銀 | 銀 | 銀 |

行
다닐 행

| 음독 こう | 훈독 行(おこな)う 행하다 / 行(いく 가다 | ノ ノ イ 行 行 行 |

| 行 | 行 | 行 | 行 | 行 | 行 |

銀行
은   행

| 銀行 | 銀行 | 銀行 | 銀行 | 銀行 | 銀行 |

行動
행   동

| 行動 | 行動 | 行動 | 行動 | 行動 | 行動 |

외래어 연습

テーブル 테이블

| テーブル | テーブル | テーブル | テーブル |

ソファー 소파

| ソファー | ソファー | ソファー | ソファー |

コンビニ 편의점

| コンビニ | コンビニ | コンビニ | コンビニ |

FUN & TALK

다음 그림을 보면서 무엇이 어디에 있는지 얘기해 보세요.

～は どこに ありますか。
～は どこに いますか。

〈 민아의 방 〉

〈 한척의 방 〉

10

暇な時、何をしますか。

한가할 때 무엇을 합니까?

표현 익히기  동사의 **ます**형

💬 Dialogue

🎧 MP3 10-1

田中（たなか）: 姜さんは 暇（ひま）な 時（とき）、何（なに）を しますか。

姜（カン）: そうですね。普通（ふつう） 家（いえ）で インターネットゲームを します。

また 時々（ときどき） チムジルバンへ 行（い）きます。

田中（たなか）: チムジルバン?

姜（カン）: はい、韓国式（かんこくしき）サウナです。

チムジルバンには いろいろな 種類（しゅるい）の サウナ室（しつ）、

食堂（しょくどう）、パソコンルームなどが あります。

チムジルバンで 映画（えいが）も 見（み）ますよ。

田中（たなか）: わあ〜、すごいですね。

姜（カン）: 田中さんも 今度（こんど） いっしょに 行（い）きますか。

田中（たなか）: はい、ぜひ。本当（ほんとう）に 嬉（うれ）しいです。

다나카: 한척 씨는 한가할 때 무엇을 합니까?
강한척: 글쎄요. 보통은 집에서 인터넷 게임을 해요.
　　　　또 가끔 찜질방에 갑니다.
다나카: 찜질방?
강한척: 네, 한국식 사우나입니다.
　　　　찜질방에는 여러 가지 종류의 사우나실, 식당, 컴퓨터실이 있어요.
　　　　찜질방에서 영화도 봐요.

다나카: 와〜, 굉장하네요!
강한척: 다나카 씨도 다음에 같이 갈래요?
다나카: 네, 꼭이요. 정말 기쁩니다.

🔍 단어 --

暇（ひま）だ 한가하다 | 時（とき） 때 | 普通（ふつう） 보통 | 家（いえ）で 집에서 | インターネットゲーム 인터넷 게임 | 〜を 〜을 | する 하다 | また 또 | 時々（ときどき） 때때로 | チムジルバン 찜질방 | 〜へ 〜으로(방향) | 行（い）く 가다 | 韓国式（かんこくしき） 한국식 | サウナ 사우나 | 〜には 〜에는 | いろいろな 여러 가지 | 種類（しゅるい） 종류 | サウナ室（しつ） 사우나실 | 食堂（しょくどう） 식당 | パソコンルーム 컴퓨터실 | 〜など 〜등 | 映画（えいが） 영화 | 〜も 〜도 | 見（み）る 보다 | すごい 굉장하다 | 今度（こんど） 이번 | いっしょに 함께 | ぜひ 부디, 꼭 | 本当（ほんとう）に 정말 | 嬉（うれ）しい 기쁘다

1 동사의 종류

1. Ⅰ그룹 동사 (5단 동사)

❶ **동사의 어미가 う, く, ぐ, す, つ, ぬ, ぶ, む로 끝나는 동사**

会う 만나다 　　　 行く 가다 　　　 泳ぐ 헤엄치다
話す 이야기하다 　　 待つ 기다리다
死ぬ 죽다 　　　　　 遊ぶ 놀다 　　　 飲む 마시다

❷ **어미가 る로 끝나는 동사 중 어간 끝모음이 [a], [u], [o]인 동사**

(あ단, う단, お단＋る)

ある 있다 　　　　　 降る (눈, 비가) 내리다 　　乗る 타다

❸ **예외 Ⅰ그룹 동사**

入る 들어가다, 들어오다 　帰る 돌아가다, 돌아오다 　知る 알다 　　切る 자르다

2. Ⅱ그룹 동사 (상하1단 동사)

る로 끝나는 동사 중 동사의 어간의 끝모음이 [i], [e]인 동사

見る 보다 　　　　　 起きる 일어나다
食べる 먹다 　　　　 寝る 자다

3. Ⅲ그룹 동사 (불규칙 동사 / 변격 동사)

来る 오다 　　　　　 する 하다

② 동사의 **ます형**

Ⅰ그룹 동사 (5단 동사)	어미 う단 →い단＋ます	会う 만나다 ➡ 会い ＋ ます 会います 만납니다 行く 가다 ➡ 行き ＋ ます 行きます 갑니다 泳ぐ 헤엄치다 ➡ 泳ぎ ＋ ます 泳ぎます 헤엄칩니다 話す 이야기하다 ➡ 話し ＋ ます 話します 이야기합니다 待つ 기다리다 ➡ 待ち ＋ ます 待ちます 기다립니다 死ぬ 죽다 ➡ 死に ＋ ます 死にます 죽습니다 遊ぶ 놀다 ➡ 遊び ＋ ます 遊びます 놉니다 飲む 마시다 ➡ 飲み ＋ ます 飲みます 마십니다 ある 있다 ➡ あり ＋ ます あります 있습니다 降る 내리다 ➡ 降り ＋ ます 降ります 내립니다 もどる 되돌아가다 ➡ もどり ＋ ます もどります 되돌아갑니다
	예외	入る 들어가다 ➡ 入り ＋ ます 入ります 들어갑니다 帰る 돌아가다 ➡ 帰り ＋ ます 帰ります 돌아갑니다
Ⅱ그룹 동사 (상하1단 동사)	어간＋ます	見る 보다 ➡ 見 ＋ ます 見ます 봅니다 起きる 일어나다 ➡ 起き ＋ ます 起きます 일어납니다 食べる 먹다 ➡ 食べ ＋ ます 食べます 먹습니다 寝る 자다 ➡ 寝 ＋ ます 寝ます 잡니다
Ⅲ그룹 동사 (불규칙 동사)		来る 오다 ➡ ＋ ます 来ます 옵니다 する 하다 ➡ ＋ ます します 합니다

3

～ます   ～(ㅂ)니다 (동사의 정중형)

会社<small>かいしゃ</small>へ 行<small>い</small>きます。

ご飯<small>はん</small>を 食<small>た</small>べます。

勉強<small>べんきょう</small>を します。

4

～ません   ～(하)지 않습니다 (ます 부정형)

会社<small>かいしゃ</small>へ 行<small>い</small>きません。

ご飯<small>はん</small>を 食<small>た</small>べません。

勉強<small>べんきょう</small>を しません。

5

～ました   ～(았)었습니다 (ます 과거형)

友達<small>ともだち</small>に 会<small>あ</small>いました。

映画<small>えいが</small>を 見<small>み</small>ました。

デートを しました。

🔍 단어 --

会社(かいしゃ) 회사 | **～へ** ～으로, ～에(방향) | **行**(い)**く** 가다 | **ご飯**(はん) 밥 | **食**(た)**べる** 먹다 | **勉強**(べんきょう) 공부 | **する** 하다 | **友達**(ともだち) 친구 | **～に 会**(あ)**う** ～을(를) 만나다 | **映画**(えいが) 영화 | **見**(み)**る** 보다 | **デート** 데이트

6 ～ませんでした

～(하)지 않았습니다 (ません 과거형)

友達に 会いませんでした。

映画を 見ませんでした。

デートを しませんでした。

7 동사와 자주 쓰이는 조사

❶ ～を　～을/를

新聞を 読みます。

❷ ～と　～와/과

友達と 遊びます。

❸ ～へ　～에, ～로 (방향)

学校へ 行きます。

❹ ～で　～에서 (장소) / ～로 (도구)

海で 泳ぎます。

ボールペンで 書きます。

❺ ～に　～에 (위치, 시점) / ～을/를

朝 6時に 起きます。

友達に 会います。

 단어

新聞(しんぶん) 신문 | 読(よ)む 읽다 | 遊(あそ)ぶ 놀다 | 学校(がっこう) 학교 | 海(うみ) 바다 | 泳(およ)ぐ 헤엄치다 | 朝(あさ) 아침

LET'S TALK

I 다음 보기와 같이 연습해 보세요.　　　　　　　　　　🎧 MP3 Lesson 10-2

| 보기 |
A: 朝ごはんを 食べますか。

B: はい、食べます。

　　いいえ、食べません。

1　学校に 行く / はい

2　コーヒーを 飲む / いいえ

3　日本語で 話す / はい

4　朝早く 起きる / いいえ

5　運転を する / はい

🔍 단어 --

朝(あさ)ごはん 아침밥 | 食(た)べる 먹다 | 学校(がっこう) 학교 | 行(い)く 가다 | コーヒー 커피 | 飲(の)む 마시다 | 日本語(にほんご)で 일본어로 | 話(はな)す 이야기하다 | 朝早(あさはや)く 아침 일찍 | 起(お)きる 일어나다 | 運転(うんてん) 운전

124

Ⅱ 다음 보기와 같이 연습해 보세요.

> | 보기 |
>
> A: 昨日 友達に 会いましたか。
> <ruby>昨日<rt>きのう</rt></ruby> <ruby>友達<rt>ともだち</rt></ruby>に <ruby>会<rt>あ</rt></ruby>いましたか。
>
> B: はい、会いました。
> はい、<ruby>会<rt>あ</rt></ruby>いました。
>
> いいえ、会いませんでした。
> いいえ、<ruby>会<rt>あ</rt></ruby>いませんでした。

1 早く 家に 帰る / はい
<ruby>早<rt>はや</rt></ruby>く <ruby>家<rt>いえ</rt></ruby>に <ruby>帰<rt>かえ</rt></ruby>る / はい

2 飲み屋へ 行く / いいえ
<ruby>飲<rt>の</rt></ruby>み<ruby>屋<rt>や</rt></ruby>へ <ruby>行<rt>い</rt></ruby>く / いいえ

3 映画を 見る / はい
<ruby>映画<rt>えいが</rt></ruby>を <ruby>見<rt>み</rt></ruby>る / はい

4 デートを する / はい

5 友達は 来る / いいえ
<ruby>友達<rt>ともだち</rt></ruby>は <ruby>来<rt>く</rt></ruby>る / いいえ

🔍 단어

昨日(きのう) 어제 | 友達(ともだち) 친구 | 会(あ)う 만나다 | 早(はや)く 빨리 | 家(いえ) 집 | 帰(かえ)る 돌아가다 | 飲(の)み屋(や) 술집 | 行(い)く 가다 | 映画(えいが) 영화 | 見(み)る 보다 | デート 데이트 | 来(く)る 오다

EXERCISE

다음 빈칸에 알맞은 말을 넣어 보세요.

① 일본에 갑니다. (行く)

日本に _____

② 일본어로 이야기합니다. (話す)

日本語で _____

③ 술은 마시지 않습니다. (飲む)

お酒は _____

④ 친구를 만났습니다. (会う)

友達に _____

⑤ 공부를 하지 않았습니다. (する)

勉強を _____

 단어 ---

日本(にほん) 일본 ｜ 行(い)く 가다 ｜ 日本語(にほんご) 일본어 ｜ 話(はな)す 이야기하다 ｜ お酒(さけ) 술 ｜ 飲(の)む 마시다 ｜ 友達(ともだち) 친구 ｜ 会(あ)う 만나다 ｜ 勉強(べんきょう) 공부 ｜ する 하다

新
새로울 신

음독 しん 훈독 新(あたら)しい 새롭다 ` ㅗ ㅗ 立 辛 亲 亲 新 新 新

| 新 | 新 | 新 | 新 | 新 | 新 |

聞
들을 문

음독 ぶん / もん 훈독 聞(き)く 듣다 l l`  ｆ  ｆ` 門 門 門 門 門 聞 聞

| 聞 | 聞 | 聞 | 聞 | 聞 | 聞 |

しん ぶん
新聞
신   문

| 新聞 | 新聞 | 新聞 | 新聞 | 新聞 | 新聞 |

しん せん
新鮮
신   선

| 新鮮 | 新鮮 | 新鮮 | 新鮮 | 新鮮 | 新鮮 |

けん ぶん
見聞
견   문

| 見聞 | 見聞 | 見聞 | 見聞 | 見聞 | 見聞 |

インターネット 인터넷

| インターネット | インターネット | インターネット | インターネット |

サウナ 사우나

| サウナ | サウナ | サウナ | サウナ |

デート 데이트

| デート | デート | デート | デート |

FUN & TALK

 다음은 일상생활에서 쓰는 동사 표현입니다.

しちじ　お
7 時に 起きる
7시에 일어나다

はん　　た
ご飯を 食べる
밥을 먹다

じゅういち じ　ね
11 時に 寝る
11시에 자다

がっこう　　い
学校へ 行く
학교에 가다

かいしゃ　　く
会社に 来る
회사에 오다

て がみ　　か
手紙を 書く
편지를 쓰다

おんがく　き
音楽を 聞く
음악을 듣다

いえ　　かえ
家に 帰る
집에 돌아가다

でんしゃ　　の
電車に 乗る
전철을 타다

りょうり つく
料理を 作る
요리를 만들다

えい が み
映画を 見る
영화를 보다

べんきょう
勉強を する
공부를 하다

ともだち あ
友達に 会う
친구를 만나다

ともだち あそ
友達と 遊ぶ
친구와 놀다

よ
タクシーを 呼ぶ
택시를 부르다

ほん よ
本を 読む
책을 읽다

す
タバコを 吸う
담배를 피우다

か
かばんを 買う
가방을 사다

の
ジュースを 飲む
주스를 마시다

今度の週末に遊びに行きませんか。

こんど　しゅうまつ　あそ　い

이번 주말에 놀러 가지 않을래요?

표현 익히기　권유 표현

💬 Dialogue

🎧 MP3 11-1

姜_{カン}: 今度_{こんど}の 週末_{しゅうまつ}に 遊_{あそ}びに 行_いきませんか。

田中_{たなか}: いいですね。どこに 行_いきましょうか。

姜_{カン}: トンへは どうですか。

　　景色_{けしき}も いいし、新鮮_{しんせん}な 刺身_{さしみ}も おいしいし。

田中_{たなか}: 新鮮_{しんせん}な 刺身_{さしみ}！ いいですね。

　　じゃ、気軽_{きがる}に 日帰_{ひがえ}り旅行_{りょこう}に 行_いきましょうか。

姜_{カン}: いいですね。

　　じゃ、土曜日_{どようび}の 朝早_{あさはや}く 出発_{しゅっぱつ}しましょう。

田中_{たなか}: 決_きまり！ そうしましょう。

강한척: 이번 주말에 놀러 가지 않을래요?
다나카: 좋아요. 어디에 갈까요?
강한척: 동해는 어때요?
　　　　경치도 좋고 신선한 회도 맛있고.
다나카: 신선한 회! 좋아요.
　　　　그럼, 가볍게 당일치기 여행으로 갈까요?
강한척: 좋죠.
　　　　그럼, 토요일 아침 일찍 출발하죠.
다나카: 결정! 그렇게 합시다.

🔍 단어

今度(こんど) 이번 ┃ **週末**(しゅうまつ) 주말 ┃ **遊**(あそ)**びに** 놀러 ┃ **どこに** 어디에 ┃ **どうですか** 어떻습니까?, 어때요? ┃ **景色**(けしき) 경치 ┃ **〜も** 〜도 ┃ **いい** 좋다 ┃ **〜し** 〜(하)고(나열) ┃ **新鮮**(しんせん)**だ** 신선하다 ┃ **刺身**(さしみ) 회 ┃ **おいしい** 맛있다 ┃ **いいですね** 좋죠, 좋군요 ┃ **気軽**(きがる)**に** 가볍게 ┃ **日帰**(ひがえ)**り旅行**(りょこう) 당일치기 여행 ┃ **朝早**(あさはや)**く** 아침 일찍 ┃ **出発**(しゅっぱつ)**する** 출발하다 ┃ **決**(き)**まり** 결정 ┃ **そうしましょう** 그렇게 합시다

1

목적 표현

1. 명사 + 〜に   〜하러

　　食事に 行きます。

　　ドライブに 行きます。

　　スキーに 行きます。

2. 동사의 ます형 + 〜に   〜하러

　　泳ぎに 行きます。

　　遊びに 来ます。

　　会いに 行きます。

2

〜し   〜(하)고 (나열)

　　彼は ハンサムだし、頭も いいです。

　　お金も ないし、時間も ないです。

　　あの 店は 安くて おいしいし、雰囲気も いいです。

🔍 **단어** --

食事(しょくじ) 식사 | 行(い)く 가다 | ドライブ 드라이브 | スキー 스키 | 泳(およ)ぐ 헤엄치다 | 遊(あそ)ぶ 놀다 | ハンサムだ 잘
생기다 | 頭(あたま) 머리 | お金(かね) 돈 | ない 없다 | 時間(じかん) 시간 | 安(やす)い 싸다 | 雰囲気(ふんいき) 분위기

③ 권유 표현

1. ～ませんか　　　　　　　～하지 않겠습니까?

ちょっと　お茶でも　飲みませんか。

いっしょに　散歩でも　しませんか。

少し　休みませんか。

2. ～に　行きませんか　　　　　～하러 가지 않겠습니까?

ドライブに　行きませんか。

お酒を　飲みに　行きませんか。

遊びに　行きませんか。

3. ～ましょう　　　　　　　～합시다

ちょっと　休みましょう。

いっしょに　遊びましょう。

一生懸命　勉強しましょう。

4. ～ましょうか　　　　　　～할까요?

ちょっと　休みましょうか。

いっしょに　遊びましょうか。

コーヒーでも　飲みましょうか。

 단어 ---

ちょっと 잠깐, 좀 ｜ **お茶**(ちゃ) 차 ｜ **～でも** ～라도 ｜ **飲**(の)**む** 마시다 ｜ **いっしょに** 함께 ｜ **散歩**(さんぽ) 산책 ｜ **少**(すこ)**し** 조금 ｜
休(やす)**む** 쉬다 ｜ **お酒**(さけ) 술 ｜ **一生懸命**(いっしょうけんめい) 열심히 ｜ **勉強**(べんきょう)**する** 공부하다

LET'S TALK

MP3 Lesson 11-2

Ⅰ 다음 보기와 같이 연습해 보세요.

| 보기 |

A: 明日 いっしょに 買い物に 行きませんか。
(あした)　　　　　(か)(もの)　(い)

B: いいですね。では 明日。
　　　　　　　　(あした)

1 スキーに 行く
(い)

2 ドライブに 行く
(い)

3 映画を 見に 行く
(えいが)　(み)(い)

4 お酒を 飲みに 行く
(さけ)　(の)(い)

5 泳ぎに 行く
(およ)(い)

🔍단어 --

明日(あした) 내일 ｜ **いっしょに** 같이, 함께 ｜ **買**(か)**い物**(もの) 쇼핑 ｜ **では** 그럼 ｜ **スキー** 스키 ｜ **ドライブ** 드라이브 ｜ **映画**(えいが) 영화 ｜ **お酒**(さけ) 술 ｜ **飲**(の)**む** 마시다 ｜ **泳**(およ)**ぐ** 수영하다

Ⅱ 다음 보기와 같이 연습해 보세요.

|보기|
> A: どこか ドライブに 行きましょうか。
>
> B: いいですね。じゃ、漢江へ 行きましょう。

1 A: 何か 飲みましょうか。

B: _____

ビールを 飲む

2 A: 何か 食べましょうか。

B: _____

おすしを 食べる

3 A: どこか ショッピングに 行きましょうか。

B: _____

明洞へ 行く

4 A: どこか 遊びに 行きましょうか。

B: _____

ドリームランドに 行く

🔍 단어 -

どこか 어딘가 | 何(なに)か 뭔가 | ビール 맥주 | 食(た)べる 먹다 | おすし 초밥 | ショッピング 쇼핑 | 遊(あそ)ぶ 놀다

EXERCISE

다음 빈칸에 알맞은 말을 넣어 보세요.

1 식사하러 가지 않겠습니까?

しょく じ
食事＿＿＿＿＿＿＿＿＿＿＿＿＿＿＿＿＿＿＿＿＿＿

2 열심히 공부합시다. (勉強)

いっしょうけんめい
一生懸命＿＿＿＿＿＿＿＿＿＿＿＿＿＿＿＿＿＿＿

3 차라도 마실까요?

ちゃ
お茶＿＿＿＿＿＿＿＿＿＿＿＿＿＿＿＿＿＿＿＿＿

4 저 레스토랑은 요리도 맛있고 서비스도 좋습니다. (サービス)

あの レストランは＿＿＿＿＿＿＿＿＿＿＿＿＿＿

5 저 백화점은 교통도 편리하고 물건도 많습니다. (交通 / 品物)

あの デパートは＿＿＿＿＿＿＿＿＿＿＿＿＿＿＿

 단어

食事(しょくじ) 식사 | 一生懸命(いっしょうけんめい) 열심히 | 勉強(べんきょう) 공부 | お茶(ちゃ) 차 | ～でも ～라도 | 飲(の)む 마
시다 | レストラン 레스토랑 | 料理(りょうり) 요리 | ～も ～도 | おいしい 맛있다 | サービス 서비스 | いい 좋다 | デパート
백화점 | 交通(こうつう) 교통 | 便利(べんり)だ 편리하다 | 品物(しなもの) 물건 | 多(おお)い 많다

出
날 출

음독 しゅつ **훈독** 出(で)る 나오다, 나가다 / 出(だ)す 꺼내다, 제출하다 | 十 中 出 出

発
쏠 발

음독 はつ / ぱつ / ほっ **훈독** 発(た)つ 출발하다 フ ヲ ヲ 癶 癶 癶 発 発

出発
출 발

出席
출 석

発明
발 명

ショッピング 쇼핑

ショッピング	ショッピング	ショッピング	ショッピング

ドライブ 드라이브

ドライブ	ドライブ	ドライブ	ドライブ

スキー 스키

スキー	スキー	スキー	スキー

여러분이라면 어떤 데이트 코스를 고르겠습니까?

Ⓐ いっしょに 海へ ドライブに 行きませんか。
함께 바다에 드라이브하러 가지 않을래요?

Ⓑ そのあと おいしい さしみを 食べましょう。　그 뒤 맛있는 회를 먹읍시다.

Ⓐ いっしょに 遊園地に 行きませんか。　함께 유원지에 가지 않을래요?

Ⓑ そのあと ファミリーレストランで 食事を しましょう。
그 뒤 패밀리 레스토랑에서 식사를 합시다.

Ⓐ いっしょに ディズニーランドに 遊びに 行きませんか。
함께 디즈니랜드에 놀러 가지 않을래요?

Ⓑ そのあと デパートで ショッピングしましょう。　그 뒤 백화점에서 쇼핑합시다.

Ⓐ いっしょに ミュージカルを 見ませんか。　함께 뮤지컬을 보지 않을래요?

Ⓑ そのあと 漢江に ドライブに 行きましょう。　그 뒤 한강에 드라이브 갑시다.

Ⓐ いっしょに サッカーを 見ませんか。　함께 축구를 보지 않을래요?

Ⓑ そのあと ビールを 飲みましょう。　그 뒤 맥주를 마십시다.

Ⓐ いっしょに 映画を 見ませんか。　함께 영화를 보지 않을래요?

Ⓑ そのあと カラオケに 行きましょう。　그 뒤 노래방에 갑시다.

おいしい冷麺が食べたいです。
맛있는 냉면을 먹고 싶어요.

표현 익히기　희망 표현 ～たい와 ～ほしい

💬 Dialogue

🎧 MP3 12-1

ナ : もう こんな 時間_{じかん}ですね。

お昼_{ひる} 食_たべに 行_いきましょうか。

山田_{やまだ}: そうですね。そうしましょう。

ナ : 今日_{きょう}の メニューは 何_{なに}に しましょうか。

何_{なに}が 食_たべたいですか。

山田_{やまだ}: そうですね。私_{わたし}は てんぷら定食_{ていしょく}が 食_たべたいです。

ナさんは?

ナ : 私_{わたし}は 久_{ひさ}しぶりに おいしい 冷麺_{れいめん}が 食_たべたいです。

山田_{やまだ}: 今日_{きょう}は 暑_{あつ}いですから 冷麺_{れいめん}も いいですね。

ナ : じゃ、冷麺_{れいめん}を 食_たべに 行_いきましょう。

나민아 : 벌써 시간이 이렇게 됐네요.
　　　　 점심 먹으러 갈까요?
야마다 : 그렇네요. 그렇게 해요.
나민아 : 오늘 메뉴는 무엇으로 할까요?
　　　　 뭘 먹고 싶어요?
야마다 : 글쎄요. 저는 튀김정식이 먹고 싶습니다.
　　　　 민아 씨는요?
나민아 : 저는 오랜만에 맛있는 냉면을 먹고 싶어요.
야마다 : 오늘은 더우니까 냉면도 좋겠네요.
나민아 : 그럼, 냉면을 먹으러 가죠.

 단어 -

もう 벌써 │ **こんな** 이런 │ **時間**(じかん) 시간 │ **お昼**(ひる) 점심 │ **メニュー** 메뉴 │ **～たい** ~하고 싶다 │ **てんぷら** 튀김 │ **定食**
(ていしょく) 정식 │ **久**(ひさ)**しぶりに** 오랜만에 │ **冷麺**(れいめん) 냉면 │ **暑**(あつ)**い** 덥다 │ **～から** ~때문에 │ **～も** ~도

GRAMMAR

1 희망 표현

1. ～たい　　　　　　　　　　　　　　～(하)고 싶다 (동사의 ます형에 접속)

日本(にほん)へ 行(い)きたいです。

少(すこ)し 休(やす)みたいです。

結婚(けっこん)したいです。

2. ～たくない　　　　　　　　　　　　～(하)고 싶지 않다 (たい형의 부정형)

学校(がっこう)に 行(い)きたくないです。

焼酎(しょうちゅう)は 飲(の)みたくないです。

何(なに)も 食(た)べたくないです。

3. ～が ほしい　　　　　　　　　　　～을(를) 갖고 싶다, ～을(를) 원하다

かわいい 犬(いぬ)が ほしいです。

デジタルカメラが ほしいです。

すてきな 恋人(こいびと)が ほしいです。

 단어 ---

行(い)く 가다 ｜ 少(すこ)し 조금 ｜ 休(やす)む 쉬다 ｜ 結婚(けっこん) 결혼 ｜ 学校(がっこう) 학교 ｜ 焼酎(しょうちゅう) 소주 ｜ 何(なに)も 아무것도 ｜ かわいい 귀엽다 ｜ 犬(いぬ) 개 ｜ ほしい 갖고 싶다 ｜ デジタルカメラ 디지털카메라 ｜ すてきだ 멋지다 ｜ 恋人(こいびと) 애인

4. ～に なりたい　　　　　　　　　　～이(가) 되고 싶다

いい 先生(せんせい)に なりたいです。

有名(ゆうめい)な デザイナーに なりたいです。

立派(りっぱ)な 社会人(しゃかいじん)に なりたいです。

변화에 대한 희망 표현

1. 명사＋～に なりたい

歌手(かしゅ)に なりたいです。

医者(いしゃ)に なりたいです。

2. い형용사 어간＋～く なりたい

美(うつく)しく なりたいです。

若(わか)く なりたいです。

3. な형용사 어간＋～に なりたい

有名(ゆうめい)に なりたいです。

日本語(にほんご)が 上手(じょうず)に なりたいです。

 단어 ---

なる 되다 ｜ **有名(ゆうめい)だ** 유명하다 ｜ **デザイナー** 디자이너 ｜ **立派(りっぱ)だ** 훌륭하다 ｜ **社会人(しゃかいじん)** 사회인 ｜ **医者(いしゃ)** 의사 ｜ **美(うつく)しい** 아름답다 ｜ **若(わか)い** 젊다 ｜ **上手(じょうず)だ** 잘하다

LET'S TALK

Ⅰ 다음 보기와 같이 연습해 보세요.

🎧 MP3 Lesson 12-2

| 보기 |

A: 結婚したいですか。

B: はい、結婚したいです。

いいえ、結婚したくないです。

1　A: 日本語で 話したいですか。

B: _____

2　A: 友達と 遊びたいですか。

B: _____

3　A: 早く 家に 帰りたいですか。

B: _____

4　A: 恋人と 別れたいですか。

B: _____

5　A: 残業したいですか。

B: _____

단어 --

話(はな)す 이야기하다 ｜ 友達(ともだち) 친구 ｜ ～と ～와 ｜ 遊(あそ)ぶ 놀다 ｜ 早(はや)く 빨리 ｜ 家(いえ) 집 ｜ ～に ～에 ｜ 帰(かえ)る 돌아가다 ｜ 恋人(こいびと) 애인 ｜ 別(わか)れる 헤어지다 ｜ 残業(ざんぎょう) 잔업, 야근

Ⅱ 다음 보기와 같이 연습해 보세요.

|보기|

A: 今 何が 一番 ほしいですか。

B: ノートブックが 一番 ほしいです。

1　A: 今 何が 一番 ほしいですか。

　　B: _____

デジカメ

2　A: 今 何が 一番 食べたいですか。

　　B: _____

ケーキ

3　A: 今 何が 一番 飲みたいですか。

　　B: _____

ビール

4　A: どこへ 一番 行きたいですか。

　　B: _____。

ヨーロッパ

🔍 단어 -

一番(いちばん) 가장, 제일 ｜ ノートブック 노트북 ｜ デジカメ 디지털카메라 ｜ ケーキ 케이크 ｜ ビール 맥주 ｜ ヨーロッパ 유럽

EXERCISE

다음 빈칸에 알맞은 말을 넣어 보세요.

❶ 좋은 회사에 취직하고 싶습니다. (就職_{しゅうしょく})

いい 会社_{かいしゃ} _____

❷ 그녀와 만나고 싶습니다. (会_あう)

彼女_{かのじょ}と _____

❸ 오늘은 아무것도 하고 싶지 않습니다. (何_{なに}も)

今日_{きょう}は _____

❹ 최신형 휴대전화를 갖고 싶습니다. (最新型_{さいしんがた}のケータイ)

最新型_{さいしんがた} _____

❺ 훌륭한 선생님이 되고 싶습니다. (先生_{せんせい})

立派_{りっぱ}な _____

 단어 --

就職(しゅうしょく) 취직 | 会(あ)う 만나다 | 何(なに)も 아무것도 | 最新型(さいしんがた) 최신형 | ケータイ 휴대전화 | 立派(りっぱ)だ 훌륭하다

定
정할 정

음독 てい 훈독 定(さだ)める 정하다 ′ ⌒ 宀 宁 宇 宇 定 定

| 定 | 定 | 定 | 定 | 定 | 定 |

食
먹을 식

음독 しょく 훈독 食(た)べる 먹다 ノ 入 今 今 今 食 食

| 食 | 食 | 食 | 食 | 食 | 食 |

定食
정   식

| 定食 | 定食 | 定食 | 定食 | 定食 | 定食 |

決定
결   정

| 決定 | 決定 | 決定 | 決定 | 決定 | 決定 |

食堂
식   당

| 食堂 | 食堂 | 食堂 | 食堂 | 食堂 | 食堂 |

외래어 연습

ノートブック 노트북

| ノートブック | ノートブック | ノートブック | ノートブック |

デザイナー 디자이너

| デザイナー | デザイナー | デザイナー | デザイナー |

メニュー 메뉴

| メニュー | メニュー | メニュー | メニュー |

여러분은 선물로 무엇을 갖고 싶으세요?

何が ほしいですか。

ノートパソコン
노트북

デジカメ
디지털카메라

かばん
가방

車
자동차

自転車
자전거

バイク (オートバイ)
오토바이

ケータイ
휴대전화

時計
시계

現金
현금

アクセサリー
액세서리

サングラス
선글라스

ブーツ
부츠

ローラーブレード
롤러 스케이트

MP3

しょうひんけん
商品券
상품권

ほん
本
책

ケーキ
케이크

はなたば
花束
꽃다발

地下鉄駅まで歩いて行きます。

ちかてつえき　　　あるいて

지하철역까지 걸어서 갑니다.

표현 익히기　동사의 て형 / ～てください / ～ながら

💬 Dialogue

🎧 MP3 13-1

田中（たなか）: 姜（カン）さんは どうやって 会社（かいしゃ）へ 来（き）ますか。

姜（カン）: まず、近（ちか）くの 地下鉄駅（ちかてつえき）まで 歩（ある）いて 行（い）きます。

地下鉄（ちかてつ） ３号線（さんごうせん）に 乗（の）って キョデ駅（えき）まで 行（い）って

キョデ駅（えき）で ２号線（にごうせん）に 乗（の）り換（か）えて サムソン駅（えき）で 降（お）ります。

田中（たなか）: わあ〜、本当（ほんとう）に 大変（たいへん）ですね。

姜（カン）: ええ、いつも 地下鉄（ちかてつ）の 中（なか）で うとうとしながら 来（き）ます。

田中（たなか）さんは?

田中（たなか）: 私（わたし）は 家（いえ）から 歩（ある）いて 来（き）ます。

会社（かいしゃ）まで 歩（ある）いて ２０分（にじゅっぷん）ぐらい かかります。

姜（カン）: わあ〜、本当（ほんとう）に 近（ちか）くて いいですね。

これから 時々（ときどき） 遊（あそ）びに 行（い）きますから、

家（いえ）が どこか 教（おし）えて ください。

田中（たなか）: え?! あの…、それは ちょっと…。

다나카: 한척 씨는 회사에 어떻게 와요?

강한척: 우선 가까운 지하철역까지 걸어갑니다.
지하철 3호선을 타고 교대역까지 가서 교대역에서
2호선으로 갈아타고 삼성역에서 내립니다.

다나카: 와~, 정말 힘들겠군요.

강한척: 네, 항상 전철 안에서 꾸벅꾸벅 졸면서 옵니다. 다나카 씨는요?

다나카: 저는 집에서 걸어서 옵니다. 회사까지 걸어서 20분 정도 걸려요.

강한척: 와~, 정말 가까워서 좋네요.
이제부터 종종 놀러 갈테니 집이 어딘지 가르쳐 주세요.

다나카: 네? 저……, 그건 좀….

🔍 **단어** -

どうやって 어떻게 해서 | まず 우선 | 近（ちか）く 근처 | 地下鉄駅（ちかてつえき） 지하철역 | ～まで ～까지 | 歩（ある）く 걷다 | 行（い）く 가다 | ～号線（ごうせん） ～호선 | 乗（の）る 타다 | 乗（の）り換（か）える 갈아타다 | 降（お）りる 내리다 | 本当（ほんとう）に 정말로 | 大変（たいへん）だ 큰일이다, 힘들다 | いつも 언제나, 항상 | うとうとする 꾸벅꾸벅 졸다 | ～ながら ～하면서 | ぐらい 정도 | かかる 걸리다 | これから 이제부터 | 時々（ときどき） 때때로, 종종 | 遊（あそ）ぶ 놀다 | どこか 어딘지 | 教（おし）える 가르치다

GRAMMAR

1 **～て** ~(하)고, ~(해)서

朝 起きて 顔を 洗います。

顔を 洗って ご飯を 食べます。

バスに 乗って 会社へ 行きます。

2 **～て ください** ~해 주세요

ここに 住所を 書いて ください。

パスポートを 見せて ください。

もう一度 説明して ください。

3 **～ながら** ~하면서 (동시 동작 〈동사의 ます형에 접속〉)

テレビを 見ながら ご飯を 食べます。

音楽を 聞きながら コーヒーを 飲みます。

ギターを 弾きながら 歌を 歌います。

🔍 **단어** --

朝(あさ) 아침 | 起(お)きる 일어나다 | 顔(かお) 얼굴 | 洗(あら)う 씻다 | ご飯(はん) 밥 | バス 버스 | 住所(じゅうしょ) 주소 | 書(か)く 쓰다 | パスポート 여권 | 見(み)せる 보여주다 | もう一度(いちど) 한 번 더 | 説明(せつめい)する 설명하다 | テレビ 텔레비전 | 音楽(おんがく)を 聞(き)く 음악을 듣다 | ギターを 弾(ひ)く 기타를 치다 | 歌(うた)を 歌(うた)う 노래를 부르다

④ 동사의 て형

I그룹 동사 (5단 동사)	어미 く・ぐ → いて・いで	書く 쓰다 ➡	書いて 쓰고, 써서
		泳ぐ 헤엄치다 ➡	泳いで 헤엄치고, 헤엄쳐서
	う・つ・る → って	会う 만나다 ➡	会って 만나고, 만나서
		待つ 기다리다 ➡	待って 기다리고, 기다려서
		降る (눈, 비가) 내리다 ➡	降って 내리고, 내려서
	ぬ・ぶ・む → んで	死ぬ 죽다 ➡	死んで 죽고, 죽어서
		遊ぶ 놀다 ➡	遊んで 놀고, 놀아서
		飲む 마시다 ➡	飲んで 마시고, 마셔서
	す → して	話す 이야기하다 ➡	話して 이야기하고, 이야기해서
	예외	行く 가다 ➡	行って 가고, 가서
II그룹 동사 (상하1단 동사)	어간 + て	見る 보다 ➡	見て 보고, 봐서
		起きる 일어나다 ➡	起きて 일어나고, 일어나서
		食べる 먹다 ➡	食べて 먹고, 먹어서
		寝る 자다 ➡	寝て 자고, 자서
III그룹 동사 (불규칙 동사)		来る 오다 ➡	来て 오고, 와서
		する 하다 ➡	して 하고, 해서

LET'S TALK

Ⅰ 다음 보기와 같이 연습해 보세요.

| 보기 |

A: これから 何^{なに}を しますか。

B: 手^てを 洗^{あら}って ご飯^{はん}を 食^たべます。

1　地下鉄^{ちかてつ}に 乗^のる / 会社^{かいしゃ}に 行^いく

2　コーヒーを 飲^のむ / 仕事^{しごと}を 始^{はじ}める

3　友達^{ともだち}に 会^あう / 食事^{しょくじ}を する

4　家^{いえ}に 帰^{かえ}る / シャワーを 浴^あびる

5　シャワーを 浴^あびる / 寝^ねる

🔍 단어 --

これから 이제부터 ｜ 手(て) 손 ｜ 洗(あら)う 씻다 ｜ ご飯(はん) 밥 ｜ 食(た)べる 먹다 ｜ 地下鉄(ちかてつ) 지하철 ｜ 乗(の)る 타다 ｜ 飲(の)む 마시다 ｜ 仕事(しごと) 일 ｜ 始(はじ)める 시작하다 ｜ 友達(ともだち)に会(あ)う 친구를 만나다 ｜ 食事(しょくじ) 식사 ｜ 帰(かえ)る 돌아가다 ｜ シャワーを浴(あ)びる 샤워하다 ｜ 寝(ね)る 자다

다음 보기와 같이 연습해 보세요.

| 보기 |
すみません。暑いですから、ちょっと 窓を 開けて ください。

1　授業中 / 静かに する

2　高い / 安く する

3　忙しい / 手伝う

4　分からない / 教える

5　よく 聞こえない / 大きい 声で 言う

🔍 단어 --

暑(あつ)い 덥다 ｜ ちょっと 좀 ｜ 窓(まど) 창문 ｜ 開(あ)ける 열다 ｜ 授業中(じゅぎょうちゅう) 수업 중 ｜ 静(しず)かにする 조용히 하다 ｜ 高(たか)い 비싸다 ｜ 安(やす)くする 싸게 하다 ｜ 忙(いそが)しい 바쁘다 ｜ 手伝(てつだ)う 돕다 ｜ 分(わ)からない 알지 못하다, 모르다 ｜ 教(おし)える 가르치다 ｜ よく 잘 ｜ 聞(き)こえる 들리다 ｜ 声(こえ) 목소리 ｜ 言(い)う 말하다

Ⅲ 다음 보기와 같이 연습해 보세요.

| 보기 |

A: テレビを 見ながら 何を しますか。

B: テレビを 見ながら ご飯を 食べます。

1　音楽を 聞く / 勉強する

2　歌を 歌う / 踊りを 踊る

3　コーヒーを 飲む / 新聞を 読む

4　本を 見る / 料理を する

5　ポップコーンを 食べる / 映画を 見る

🔍 단어

テレビを見(み)る 텔레비전을 보다 ｜ 音楽(おんがく)を聞(き)く 음악을 듣다 ｜ 勉強(べんきょう)する 공부하다 ｜ 歌(うた)を歌(うた)う 노래하다 ｜ 踊(おど)りを踊(おど)る 춤을 추다 ｜ 新聞(しんぶん) 신문 ｜ 読(よ)む 읽다 ｜ 料理(りょうり) 요리 ｜ ポップコーン 팝콘 ｜ 映画(えいが)を見(み)る 영화를 보다

EXERCISE

다음 빈칸에 알맞은 말을 넣어 보세요.

1 도서관에 가서 공부합니다.

図書館へ _____

2 전화해서 예약을 합니다. (予約)

電話して _____

3 메일을 보내 주세요. (送る)

メールを _____

4 지금 빨리 와 주세요. (早く / 来る)

今 _____

5 콜라를 마시면서 피자를 먹습니다. (ピザ)

コーラを _____

EXERCISE

한자 연습

地
땅 지

음독 ち / じ 훈독 地(つち) 흙 一 十 土 切 地 地

| 地 | 地 | 地 | 地 | 地 | 地 |

下
아래 하

음독 か / げ 훈독 下(した) 아래 / 下(さ)げる 내리다 / 下(くだ)る 내려가다 一 丅 下

| 下 | 下 | 下 | 下 | 下 | 下 |

地下
지 하

| 地下 | 地下 | 地下 | 地下 | 地下 | 地下 |

地図
지 도

| 地図 | 地図 | 地図 | 地図 | 地図 | 地図 |

上下
상 하

| 上下 | 上下 | 上下 | 上下 | 上下 | 上下 |

외래어 연습

テレビ 텔레비전

| テレビ | テレビ | テレビ | テレビ |

シャワー 샤워

| シャワー | シャワー | シャワー | シャワー |

パスポート 여권

| パスポート | パスポート | パスポート | パスポート |

FUN & TALK

다음 그림을 보면서 집에서 학교, 회사, 또는 약속 장소까지 어떻게 가는지 말해 보세요.

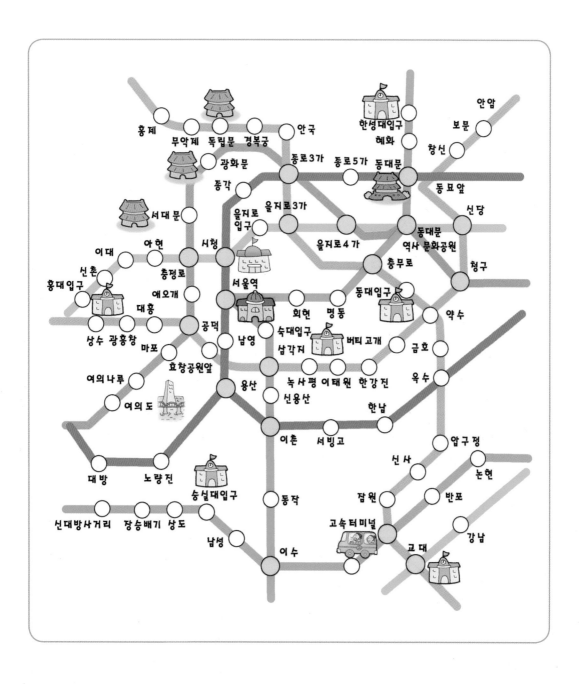

山田さんはオークションを知っていますか。

야마다 씨는 옥션을 아세요?

표현 익히기 ～ている 용법

💬 Dialogue

🎧 MP3 14-1

山田（やまだ）: もしもし。ナさん、山田（やまだ）です。こんにちは。

ナ: あ、山田（やまだ）さん、こんにちは。

山田（やまだ）: 今（いま） 何（なに）を して いますか。

ナ: 今（いま） インターネットを して います。

オークションで 品物（しなもの）の 値段（ねだん）を 見（み）て いました。

山田（やまだ）さんは オークションを 知（し）って いますか。

山田（やまだ）: もちろん 知（し）って いますよ。日本（にほん）の インターネット

サイトにも オークションが ありますから。

ナ: そうですか。

あら、今（いま） メッセンジャーに 友達（ともだち）が 入（はい）って きました。

山田（やまだ）さんも メッセンジャーで 話（はな）しましょうか。

山田（やまだ）: それも いいですね。

じゃ、メッセンジャーで 会（あ）いましょう。

야마다: 여보세요. 민아 씨. 야마다예요. 안녕하세요.	야마다: 물론 알고 있어요. 일본 사이트에도 옥션이 있으니까요.
나민아: 아, 야마다 씨. 안녕하세요.	나민아: 그래요?
야마다: 지금 뭐 하고 있어요?	어머, 지금 메신저에 친구가 들어왔어요.
나민아: 지금 인터넷을 하고 있어요.	야마다 씨도 메신저로 얘기할까요?
옥션에서 물건의 가격을 보고 있었어요.	야마다: 그것도 좋겠네요. 그럼, 메신저에서 만나요.
야마다 씨는 옥션을 아세요?	

 단어 -

もしもし 여보세요 | **こんにちは** 안녕하세요 | **今(いま)** 지금 | **インターネット** 인터넷 | **品物(しなもの)** 물건 | **値段(ねだん)**
가격 | **見(み)る** 보다 | **知(し)る** 알다 | **もちろん** 물론 | **サイト** 사이트 | **〜にも** 〜에도 | **〜から** 〜때문에 | **メッセンジャー** 메
신저 | **入(はい)る** 들어가다, 들어오다 | **話(はな)す** 이야기하다 | **会(あ)う** 만나다

1

～て います

～(하)고 있습니다 (동사의 て형＋います)

1. 현재 진행 동작

レポートを 書_かいて います。

歌_{うた}を 歌_{うた}って います。

インターネットを して います。

2. 자세, 표정

立_たって います。

座_{すわ}って います。

笑_{わら}って います。

3. 옷차림, 착용

眼鏡_{め がね}を かけて います。

スーツを 着_きて います。

スカーフを して います。

バックを かけている
ブラウスを 着_きている
スカートを はいている
スカーフを している
時計_{と けい}を している

ぼうしを かぶっている
眼鏡_{め がね}を かけている
ネクタイを しめている
スーツを 着_きている
くつを はいている
かばんを 持_もっている

4. 날씨, 사물의 상태

雨が 降って います。

窓が 開いて います。

風が 吹いて います。

5. 직업, 거주지

教師を して います。

銀行に 勤めて います。

ソウルに 住んで います。

❷ ～て いる + 명사　　～하고 있는

眼鏡を かけて いる 人が 先生です。

スーツを 着て いる 人が 山田さんです。

本を 読んで いる 人は 中村さんです。

🔍 **단어** --

レポートを書(か)く 리포트를 쓰다 ｜ 歌(うた)を歌(うた)う 노래를 부르다 ｜ 立(た)つ 일어서다 ｜ 座(すわ)る 앉다 ｜ 笑(わら)う 웃다 ｜
眼鏡(めがね)をかける 안경을 끼다 ｜ スーツを着(き)る 정장을 입다 ｜ スカーフをする 스카프를 하다 ｜ バック 가방 ｜ ブラウス 블
라우스 ｜ スカート 스커트 ｜ ぼうしをかぶる 모자를 쓰다 ｜ ネクタイをしめる 넥타이를 매다 ｜ くつをはく 구두를 신다 ｜ かばん
を持(も)つ 가방을 들다 ｜ 雨(あめ)が降(ふ)る 비가 내리다 ｜ 窓(まど)が開(あ)く 창문이 열리다 ｜ 風(かぜ)が吹(ふ)く 바람이 불다 ｜ 教師
(きょうし) 교사 ｜ 銀行(ぎんこう)に勤(つと)める 은행에 근무하다 ｜ ～に住(す)む ～에 살다 ｜ 本(ほん)を読(よ)む 책을 읽다

LET'S TALK

Ⅰ 다음 보기와 같이 연습해 보세요.

| 보기 |

A: 今(いま) 何(なに)を して いますか。

B: 日本語(にほんご)の 勉強(べんきょう)を して います。

1

友達(ともだち)と 話(はな)す

2

歌(うた)を 歌(うた)う

3

本(ほん)を 読(よ)む

4

仕事(しごと)を する

5

デートを する

🔍 단어 --

友達(ともだち)と話(はな)す 친구와 이야기하다 ┃ 歌(うた)を歌(うた)う 노래를 부르다 ┃ 本(ほん)を読(よ)む 책을 읽다 ┃ 仕事(しごと)を
する 일을 하다 ┃ デートをする 데이트를 하다

Ⅱ 다음 보기와 같이 연습해 보세요.

|보기|
A: 山田さんは どの人ですか。

B: スーツを 着て いる 人です。

1 金さん / 眼鏡を かける

2 中村さん / ミニスカートを はく

3 田中さん / 帽子を かぶる

4 吉田さん / ジュースを 飲む

5 鈴木さん / 笑う

🔍 단어 --

スーツを着(き)る 정장을 입다 ┃ 眼鏡(めがね)をかける 안경을 끼다 ┃ ミニスカートをはく 미니스커트를 입다 ┃ 帽子(ぼうし)をかぶる 모자를 쓰다 ┃ ジュースを飲(の)む 주스를 마시다 ┃ 笑(わら)う 웃다

Ⅲ 다음 보기와 같이 연습해 보세요.

| 보기 |

A: 失礼ですが、山田さんの お仕事は?
しつれい　　　　　　やまだ　　　　　しごと

B: 貿易会社に 勤めて います。
ぼうえきがいしゃ　　つと

1

中村さん / 銀行
なかむら　　ぎんこう

2

金さん / 商社
キム　　しょうしゃ

3

田中さん / 郵便局
たなか　　ゆうびんきょく

4

朴さん / 病院
パク　　びょういん

🔍 단어 --

失礼(しつれい)ですが 실례합니다만 | お仕事(しごと) 직업, 일 | 貿易会社(ぼうえきがいしゃ) 무역회사 | 〜に勤(つと)める 〜에 근무하다 | 銀行(ぎんこう) 은행 | 商社(しょうしゃ) 상사 | 郵便局(ゆうびんきょく) 우체국 | 病院(びょういん) 병원

EXERCISE

다음 빈칸에 알맞은 말을 넣어 보세요.

① 일본어를 배우고 있습니다. (習^{なら}う)

日^に本^{ほん}語^ごを _____

② 영화를 보고 있습니다. (映画を 見る)

映^{えい}画^がを _____

③ 눈이 오고 있습니다. (雪が 降る)

雪^{ゆき}が _____

④ 병원에 근무하고 있습니다. (病院に 勤める)

病^{びょういん}院 _____

⑤ 운전하고 있는 사람은 야마다 씨입니다.

運^{うんてん}転 _____

 단어 --

習(なら)う 배우다 ┃ 映画(えいが)を見(み)る 영화를 보다 ┃ 雪(ゆき)が降(ふ)る 눈이 내리다 ┃ 病院(びょういん)に勤(つと)める 병원에 근무하다 ┃ 運転(うんてん)する 운전하다

EXERCISE

한자 연습

見
볼 견

음독 けん　훈독 見(み)る 보다　丨 冂 月 目 貝 見

| 見 | 見 | 見 | 見 | 見 | 見 |

知
알 지

음독 ち　훈독 知(しる) 알다　ノ ㇄ 케 矢 矢 知 知

| 知 | 知 | 知 | 知 | 知 | 知 |

見解
견　해
けん かい

| 見解 | 見解 | 見解 | 見解 | 見解 | 見解 |

知識
지　식
ち しき

| 知識 | 知識 | 知識 | 知識 | 知識 | 知識 |

외래어 연습

ギター 기타

| ギター | ギター | ギター | ギター |

サイト 사이트

| サイト | サイト | サイト | サイト |

メッセンジャー 메신저

| メッセンジャー | メッセンジャー | メッセンジャー | メッセンジャー |

FUN & TALK

다음 그림을 보면서 이야기를 나누어 보세요.

何を して いますか。

妹さんは田中さんに似ていますか。
여동생은 다나카 씨를 닮았나요?

표현 익히기 가족 소개 / 상태 표현

💬 Dialogue

🎧 MP3 15-1

姜（カン）： 田中（たなか）さんは 何人（なんにん） 兄弟（きょうだい）ですか。

田中（たなか）： 私（わたし）の 下（した）に 妹（いもうと）が 一人（ひとり） います。

姜（カン）： わあ、妹（いもうと）さんが いるんですか。うらやましいですね。

　　　　 妹（いもうと）さんは 田中（たなか）さんに 似（に）て いますか。

田中（たなか）： いいえ、あまり 似（に）て いません。

　　　　 スリムで きれいです。

姜（カン）： 妹（いもうと）さんの お年（とし）は？ おいくつですか。

田中（たなか）： 今年（ことし） 28です。

姜（カン）： やった〜！ ぼくと ちょうど いいですね。

田中（たなか）： はあ〜？ まさか！ 彼女（かのじょ）、もう 結婚（けっこん）して いますよ。

강한척： 다나카 씨는 형제가 몇 명이에요?

다나카： 제 아래로 여동생이 한 명 있어요.

강한척： 와〜, 여동생이 있습니까? 부럽군요.
　　　　여동생은 다나카 씨와 닮았나요?

다나카： 아니요, 별로 안 닮았어요.
　　　　날씬하고 예쁩니다.

강한척： 여동생분 나이는요? 몇 살입니까?

다나카： 올해 28살입니다.

강한척： 잘됐다! 나랑 딱 좋네요.

다나카： 네? 그럴 리가요. 그녀는 벌써 결혼했어요.

🔍 단어

何人(なんにん) 몇 명 │ 兄弟(きょうだい) 형제 │ 下(した) 아래 │ 妹(いもうと) 여동생 │ 一人(ひとり) 한 사람 │ 妹(いもうと)さん 여동생분 │ うらやましい 부럽다 │ 似(に)る 닮다 │ あまり 별로 │ スリムだ 날씬하다 │ きれいだ 예쁘다 │ お年(とし) 나이 │ おいくつですか 몇 살입니까? │ 今年(ことし) 올해 │ やった 됐다, 해냈다 │ ちょうど 마침, 딱 │ はあ 네?(놀라거나 되물을 때) │ まさか 설마 │ もう 벌써, 이미 │ 結婚(けっこん)する 결혼하다

1 何人_{なんにん}兄弟_{きょうだい}ですか　　　형제가 몇 명이에요?

何人_{なんにん} 家族_{かぞく}ですか。

何人_{なんにん} 兄弟_{きょうだい}ですか。

ご家族_{かぞく}は 何人_{なんにん}ですか。

→ 四人_{よにん} 家族_{かぞく}です。

	자기 가족	남의 가족	자기 가족을 부를 때
할아버지	祖父_{そふ}	お祖父_{じい}さん	お祖父_{じい}さん
할머니	祖母_{そぼ}	お祖母_{ばあ}さん	お祖母_{ばあ}さん
아버지	父_{ちち}	お父_{とう}さん	お父_{とう}さん
어머니	母_{はは}	お母_{かあ}さん	お母_{かあ}さん
형·오빠	兄_{あに}	お兄_{にい}さん	お兄_{にい}さん
누나·언니	姉_{あね}	お姉_{ねえ}さん	お姉_{ねえ}さん
남동생	弟_{おとうと}	弟_{おとうと}さん	
여동생	妹_{いもうと}	妹_{いもうと}さん	
숙부·삼촌	叔父_{おじ}·伯父_{おじ}	叔父_{おじ}さん	叔父_{おじ}さん
숙모·이모	叔母_{おば}·伯母_{おば}	叔母_{おば}さん	叔母_{おば}さん
사촌	いとこ	いとこさん	
남자 조카	おい	おいごさん	
여자 조카	めい	めいごさん	
형제	兄弟_{きょうだい}	ご兄弟_{きょうだい}	
아들	息子_{むすこ}	息子_{むすこ}さん	
딸	娘_{むすめ}	娘_{むすめ}さん	

2

おいくつですか。 몇 살이에요?

失礼_{しつれい}ですけど、おいくつですか。
→ 今年_{ことし}で 29歳_{にじゅうきゅうさい}に なります。
→ 数_{かぞ}えで 30_{さんじゅう}です。

3

～に似_にている ～을(를) 닮다

父_{ちち}に 似_にて います。

母_{はは}に 似_にて います。

だれにも 似_にて いません。

4

結婚_{けっこん}している 결혼한 상태

失礼_{しつれい}ですが、結婚_{けっこん}して いますか。

妹_{いもうと}は もう 結婚_{けっこん}して います。

兄_{あに}は まだ 結婚_{けっこん}して いません。

🔍 **단어**

ご家族(かぞく) 가족분 | 数(かぞ)え (태어난 해를 포함해) 세는 나이 | 父(ちち) 아빠 | 母(はは) 엄마 | だれにも 누구도 | 結婚(けっこん)する 결혼하다 | 妹(いもうと) 여동생 | もう 이미, 벌써 | 兄(あに) 형, 오빠 | まだ 아직

LET'S TALK

Ⅰ 다음 보기와 같이 연습해 보세요.

| 보기 |

A: ご家族（かぞく）は 何人（なんにん）ですか。 / 何人（なんにん） 家族（かぞく）ですか。

B: 母（はは）と 父（ちち）と 私（わたし）、3人（さんにん） 家族（かぞく）です。

1　母（はは） / 父（ちち） / 3人（さんにん）

2　父（ちち） / 母（はは） / 弟（おとうと）/ 4人（よにん）

3　祖父（そふ） / 祖母（そぼ） / 父（ちち） / 母（はは） / 兄（あに） / 6人（ろくにん）

4　両親（りょうしん） / 姉（あね） / 妹（いもうと） / 5人（ごにん）

🔍 단어 -

ご家族(かぞく) 가족분 ｜ 何人(なんにん) 몇 명 ｜ 母(はは) 어머니 ｜ 父(ちち) 아버지 ｜ 弟(おとうと) 남동생 ｜ 祖父(そふ) 할아버지 ｜ 祖母(そぼ) 할머니 ｜ 兄(あに) 형, 오빠 ｜ 両親(りょうしん) 양친, 부모님 ｜ 姉(あね) 누나, 언니 ｜ 妹(いもうと) 누이동생, 여동생

Ⅱ 다음 보기와 같이 연습해 보세요.

> | 보기 |
>
> A: 山田さんは だれに 似て いますか。
>
> B: 母に 似て います。

1 金さん / 父

2 田中さん / 兄

3 朴さん / 姉

4 中村さん / だれにも 似て いない

Ⅲ 다음 보기와 같이 연습해 보세요.

> | 보기 |
>
> A: 失礼ですが、お母さんは おいくつですか。
>
> B: 母は 58歳です。

1 お父さん / 父(63)

2 お兄さん / 兄(34)

3 弟さん / 弟(27)

4 妹さん / 妹(24)

EXERCISE

다음 빈칸에 알맞은 말을 넣어 보세요.

❶ 가족은 몇 명입니까?

$\overset{か \; ぞく}{家族}$は _____

❷ 실례합니다만, 몇 살이에요?

$\overset{しつれい}{失礼}$ _____

❸ 야마다 씨는 누구를 닮았습니까?

$\overset{やま \; だ}{山田}$さんは _____

❹ 저는 어머니를 닮았습니다.

$\overset{わたし}{私}$は _____

❺ 남동생은 아직 결혼하지 않았습니다. (結婚)

$\overset{おとうと}{弟}$は _____

🔍 **단어** --

家族(かぞく) 가족 ┃ **失礼**(しつれい) 실례 ┃ **結婚**(けっこん) 결혼

家
집 가

음독 か　훈독 家(いえ), 家(うち) 집　　丶 ハ 宀 宀 宀 宇 家 家 家

| 家 | 家 | 家 | 家 | 家 | 家 |

族
겨레 족

음독 ぞく　훈독 やから 일족　　丶 ㅗ ナ 方 方 广 疒 族 族 族

| 族 | 族 | 族 | 族 | 族 | 族 |

家族
か ぞく
가 족

| 家族 | 家族 | 家族 | 家族 | 家族 | 家族 |

実家
じっ か
생가, 친정

| 実家 | 実家 | 実家 | 実家 | 実家 | 実家 |

民族
みん ぞく
민 족

| 民族 | 民族 | 民族 | 民族 | 民族 | 民族 |

パパ 아빠

| パパ | パパ | パパ | パパ |

ママ 엄마

| ママ | ママ | ママ | ママ |

ペット 애완동물

| ペット | ペット | ペット | ペット |

FUN & TALK

그림을 보면서 민우 씨 가족을 소개해 보세요.

ミンウさんの家族(かぞく)

お父(とう)さん 아버지	59歳(さい)	警察官(けいさつかん) 경찰관
お母(かあ)さん 어머니	55歳(さい)	小学校(しょうがっこう)の先生(せんせい) 초등학교 선생님
お兄(にい)さん 형	32歳(さい)	銀行員(ぎんこういん) 은행원
ミンウ 민우	29歳(さい)	会社員(かいしゃいん) 회사원
弟(おとうと)さん 남동생	24歳(さい)	大学生(だいがくせい) 대학생

그림을 보면서 나카무라 씨 가족을 소개해 보세요.

中村さんの家族
<small>なかむら　か ぞく</small>

お父さん 아버지 <small>とう</small>	63歳 <small>さい</small>	医者 의사 <small>い しゃ</small>
お母さん 어머니 <small>かあ</small>	59歳 <small>さい</small>	主婦 주부 <small>しゅ ふ</small>
中村 나카무라 <small>なかむら</small>	33歳 <small>さい</small>	会社員 회사원 <small>かいしゃいん</small>
妹さん 여동생 <small>いもうと</small>	27歳 <small>さい</small>	会社員 회사원 <small>かいしゃいん</small>

お見合をしたことがありますか。

맞선을 본 적이 있나요?

표현 익히기   경험 말하기

💬 Dialogue

🎧 MP3 16-1

ナ： 田中さんは お見合を した ことが ありますか。

田中： いいえ、まだ 一度も した ことが ありません。

ナさんは?

ナ： 私は 結婚情報会社に 入会して

10回ぐらい お見合を した ことが あります。

田中： わあ～、10回も お見合を したんですか。

それで 気に 入った 相手に 会った ことが ありますか。

ナ： いいえ、まだ 一度も 会った ことが ないんです。

田中： ナさん、あまりにも 理想が 高いんじゃないですか。

나민아: 다나카 씨는 맞선을 본 적이 있나요?
다나카: 아니요, 아직 한 번도 없어요.
　　　　민아 씨는요?
나민아: 저는 결혼 정보 회사에 가입해서 10번 정도 맞선을 봤어요.
다나카: 와~, 10번이나 맞선을 봤습니까?
　　　　그래서 맘에 드는 사람을 만난 적이 있습니까?
나민아: 아니요, 아직 한 번도 없었어요.
다나카: 민아 씨, 눈이 너무 높은 것 아닌가요?

🔍 **단어** -

お見合(みあい)をする 맞선을 보다 | **一度(いちど)も** 한 번도 | **結婚(けっこん)** 결혼 | **情報(じょうほう)会社(がいしゃ)** 정보 회사 | **入会(にゅうかい)する** 가입하다 | **〜回(かい)** 〜번 | **〜ぐらい** 〜정도 | **それで** 그래서 | **気(き)に入(い)る** 맘에 들다 | **相手(あいて)** 상대 | **会(あ)う** 만나다 | **まだ** 아직 | **あまりにも** 너무, 지나치게 | **理想(りそう)が高(たか)い** 눈이 높다

GRAMMAR

1 　　～た　　　　　　　　　　　　　～았(었)다

昨日(きのう) 友達(ともだち)に 会(あ)った。

友達(ともだち)と いっしょに 遊(あそ)んだ。

一生懸命(いっしょうけんめい) 勉強(べんきょう)した。

2 　　～た ことが ある　　　　　　～한 적이 있다 (경험)

有名(ゆうめい)な タレントに 会(あ)った ことが あります。

飛行機(ひこうき)に 乗(の)った ことが あります。

日本(にほん)へ 出張(しゅっちょう)に 行(い)った ことが あります。

3 　　～んです　　　　　　　　　　～이랍니다, ～이거든요 (이유 설명, 강조)

私(わたし)の 大切(たいせつ)な 人(ひと)なんです。

日本(にほん)に 行(い)った ことが ないんです。

ここは 本当(ほんとう)に 交通(こうつう)が 便利(べんり)なんです。

🔍 **단어** --

昨日(きのう) 어제 ｜ **いっしょに** 함께 ｜ **遊**(あそ)**ぶ** 놀다 ｜ **一生懸命**(いっしょうけんめい) 열심히 ｜ **勉強**(べんきょう)**する** 공부하다 ｜ **有名**(ゆうめい)**だ** 유명하다 ｜ **タレント** 탤런트 ｜ **飛行機**(ひこうき)**に乗**(の)**る** 비행기를 타다 ｜ **出張**(しゅっちょう) 출장 ｜ **大切**(たいせつ)**だ** 소중하다 ｜ **本当**(ほんとう)**に** 정말로 ｜ **交通**(こうつう) 교통 ｜ **便利**(べんり)**だ** 편리하다

182

❹ 동사의 과거형(た형)

Ⅰ그룹 동사 (5단 동사)	어미 く・ぐ → いた・いだ	書く 쓰다 ➡ 書いた 썼다 泳ぐ 헤엄치다 ➡ 泳いだ 헤엄쳤다	
	う・つ・る → った	会う 만나다 ➡ 会った 만났다 待つ 기다리다 ➡ 待った 기다렸다 降る (눈, 비) 내리다 ➡ 降った 내렸다	
	ぬ・ぶ・む → んだ	死ぬ 죽다 ➡ 死んだ 죽었다 遊ぶ 놀다 ➡ 遊んだ 놀았다 飲む 마시다 ➡ 飲んだ 마셨다	
	す → した	話す 이야기하다 ➡ 話した 이야기했다	
	예외	行く 가다 ➡ 行った 갔다	
Ⅱ그룹 동사 (상하1단 동사)	어간 + た	見る 보다 ➡ 見た 봤다 起きる 일어나다 ➡ 起きた 일어났다 食べる 먹다 ➡ 食べた 먹었다 忘れる 잊다 ➡ 忘れた 잊었다	
Ⅲ그룹 동사 (불규칙 동사)		来る 오다 ➡ 来た 왔다 する 하다 ➡ した 했다	

LET'S TALK

Ⅰ 다음 보기와 같이 연습해 보세요.

| 보기 |

A: 日本に 行った ことが ありますか。

B: はい、行った ことが あります。

いいえ、行った ことが ありません。

1 日本の ドラマを 見る

2 納豆を 食べる

3 病院に 入院する

4 カンニングする

5 電車の 中で 居眠りする

🔍 단어 --

ドラマ 드라마 | 納豆(なっとう) 낫토(일본생청국장) | 食(た)べる 먹다 | 病院(びょういん) 병원 | 入院(にゅういん)する 입원하다 | カンニング 커닝 | 電車(でんしゃ) 전철 | 居眠(いねむ)りする (앉아서) 깜박 졸다

184

Ⅱ 다음 보기와 같이 연습해 보세요.

> | 보기 |
>
> A: キムチを 作った ことが ありますか。
>
> B: いいえ、キムチを 作った ことは ありませんが、
>
> キムチチゲを 作った ことは あります。

1　飛行機に 乗る(×) /
　　船に 乗る(○)

2　東京に 行く(×) /
　　大阪に 行く(○)

3　日本人と デートする(×) /
　　インターネットで チャットする(○)

4　授業に 欠席する(×) /
　　遅刻する(○)

5　焼酎を 飲む(×) /
　　ビールを 飲む(○)

🔍 단어 --

キムチ 김치 │ 作(つく)る 만들다 │ キムチチゲ 김치찌개 │ 飛行機(ひこうき) 비행기 │ 乗(の)る 타다 │ 船(ふね) 배 │ 東京(とうきょう) 도쿄 │ 行(い)く 가다 │ 大阪(おおさか) 오사카 │ デート 데이트 │ インターネット 인터넷 │ チャット 채팅 │ 授業(じゅぎょう) 수업 │ 欠席(けっせき) 결석 │ 遅刻(ちこく) 지각 │ 焼酎(しょうちゅう) 소주 │ 飲(の)む 마시다 │ ビール 맥주

EXERCISE

다음 빈칸에 알맞은 말을 넣어 보세요.

① 일본 소설을 읽은 적이 있습니다. (日本の 小説を 読む)

日本の 小説 _____

② 입학 시험에 떨어진 적이 있습니다. (入学試験に 落ちる)

入学試験 _____

③ 중요한 약속을 잊은 적이 있습니다. (約束を 忘れる)

重要な _____

④ 한 번도 일본에 간 적이 없습니다. (日本に 行く)

一度も _____

⑤ 한 번도 결석한 적이 없습니다. (欠席する)

一度も _____

 단어

小説(しょうせつ)を 読(よ)む 소설을 읽다 ｜ 入学試験(にゅうがくしけん) 입학 시험 ｜ 落(お)ちる 떨어지다 ｜ 重要(じゅうよう)
だ 중요하다 ｜ 約束(やくそく) 약속 ｜ 忘(わす)れる 잊다 ｜ 一度(いちど)も 한 번도 ｜ 欠席(けっせき)する 결석하다

読
읽을 독

음독 どく　훈독 読(よ)む 읽다　　ㆍ ㆍ 言 言 訁 訪 誘 誘 読 読

| 読 | 読 | 読 | 読 | 読 | 読 |

書
쓸 서

음독 しょ　훈독 書(か)く 쓰다　　フ ユ ヨ ヨ 聿 書 書 書 書

| 書 | 書 | 書 | 書 | 書 | 書 |

読書
독 　 서

| 読書 | 読書 | 読書 | 読書 | 読書 | 読書 |

購読
구 　 독

| 購読 | 購読 | 購読 | 購読 | 購読 | 購読 |

書類
서 　 류

| 書類 | 書類 | 書類 | 書類 | 書類 | 書類 |

タレント 탤런트

| タレント | タレント | タレント | タレント |

チケット 티켓

| チケット | チケット | チケット | チケット |

チャット 채팅

| チャット | チャット | チャット | チャット |

다음 그림을 보면서 자신의 경험을 이야기해 보세요.

～た ことが ありますか。

ひゃくてん と
100点を取る
100점을 받다

しょう う
賞を受ける
상을 받다

しか
叱られる
야단맞다

アイドルのファンになる
아이돌의 팬이 되다

に ほん りょこう い
日本へ旅行に行く
일본에 여행 가다

りょう り つく
料理を作る
요리를 만들다

サインをもらう
사인을 받다

さけ よ
お酒に酔う
술 취하다

しつれん
失恋する
실연당하다

ダイエットする

다이어트하다

日本の料理を食べる

일본 음식을 먹다

日本の映画を見る

일본 영화를 보다

バンジージャンプをする

번지점프를 하다

マラソンをする

마라톤을 하다

インラインスケートをする

인라인스케이트를 타다

ゴルフをする

골프를 하다

(競技場で) サッカーを見る

(경기장에서) 축구를 보다

入院する

입원하다

あまり詳しく聞かないでください。

너무 자세하게 묻지 마세요.

表現 익히기　동사의 부정형 / 금지표현 ～ないでください

💬 Dialogue

🎧 MP3 17-1

山田： ナさん、ナさんの 初恋は いつでしたか。

ナ： 初恋ですか。大学 1年生の 時でした。

山田： 初恋の 人は どんな 人でしたか。

　　　 どうして 別れたんですか。

ナ： あまり 詳しく 聞かないで ください。

　　　 今でも 心が 痛みますから。

山田： そうですか。私も いまだに 初恋の 人を…。

ナ： そうですか。 相手は どんな 人でしたか。

山田： 優しくて きれいな 人でした。

　　　 生まれて はじめて 一目惚れした 人です。

　　　 小学校 1年生の 時の 担任の 先生…。

ナ： なんだ。

야마다： 민아 씨, 민아 씨의 첫사랑은 언제였어요?

나민아： 첫사랑요? 대학 1학년 때였어요.

야마다： 첫사랑은 어떤 사람이었어요? 왜 헤어졌나요?

나민아： 너무 자세하게 묻지 마세요. 지금도 마음이 아프니까요.

야마다： 그렇습니까? 저도 아직까지 첫사랑의 사람을…….

나민아： 그래요? 상대는 어떤 사람이었죠?

야마다： 상냥하고 예쁜 사람이었어요.

　　　　 태어나서 처음으로 첫눈에 반한 사람이었습니다.

　　　　 초등학교 1학년 때 담임 선생님…….

나민아： 뭐라고요?

🔍 **단어** -

初恋(はつこい) 첫사랑 ｜ いつ 언제 ｜ **大学**(だいがく) 대학 ｜ **時**(とき) 때 ｜ **どうして** 어째서 ｜ **別**(わか)れる 헤어지다 ｜ **あまり** 너무 ｜ **詳**(くわ)しく 자세히, 구체적으로 ｜ **聞**(き)く 묻다, 듣다 ｜ **今**(いま)でも 지금도 ｜ **心**(こころ) 마음 ｜ **痛**(いた)む 아프다 ｜ **いまだに** 아직도 ｜ **相手**(あいて) 상대 ｜ **優**(やさ)しい 상냥하다 ｜ **生**(う)まれる 태어나다 ｜ **はじめて** 처음으로 ｜ **一目惚**(ひとめぼ)れする 첫눈에 반하다 ｜ **小学校**(しょうがっこう) 초등학교 ｜ **担任**(たんにん)の**先生**(せんせい) 담임 선생님 ｜ **なんだ** 뭐야, 뭐라고?

GRAMMAR

1

〜ない

〜(하)지 않다

明日は 学校に 行かない。
<ruby>明日<rt>あした</rt></ruby>は <ruby>学校<rt>がっこう</rt></ruby>に <ruby>行<rt>い</rt></ruby>かない。

<ruby>少<rt>すこ</rt></ruby>しも <ruby>休<rt>やす</rt></ruby>まない。

アルバイトは しない。

2

〜ないでください

〜(하)지 마세요, 〜(하)지 말아 주세요

<ruby>お酒<rt>さけ</rt></ruby>を <ruby>飲<rt>の</rt></ruby>まないで ください。

<ruby>約束<rt>やくそく</rt></ruby>を <ruby>忘<rt>わす</rt></ruby>れないで ください。

<ruby>欠席<rt>けっせき</rt></ruby>しないで ください。

3

〜でした
〜じゃ ありませんでした

〜이었습니다
〜(하)지 않았습니다

<ruby>真面目<rt>まじめ</rt></ruby>な <ruby>学生<rt>がくせい</rt></ruby>でした。

とても <ruby>有名<rt>ゆうめい</rt></ruby>でした。

<ruby>静<rt>しず</rt></ruby>かじゃ ありませんでした。

cf. い형용사의 과거형 　　　い형용사의 과거부정형
おいしかったです。　おいしくなかったです。
<ruby>良<rt>よ</rt></ruby>かったです。　　<ruby>良<rt>よ</rt></ruby>くなかったです。

④ 동사의 부정형(ない형)

Ⅰ그룹 동사 (5단 동사)	어미 う단 → あ단 + ない	行く 가다	➡	行かない 가지 않다	
		話す 이야기하다	➡	話さない 이야기하지 않다	
		待つ 기다리다	➡	待たない 기다리지 않다	
		死ぬ 죽다	➡	死なない 죽지 않다	
		遊ぶ 놀다	➡	遊ばない 놀지 않다	
		読む 읽다	➡	読まない 읽지 않다	
		降る (눈, 비) 내리다	➡	降らない 내리지 않다	
	예외	～う → ～わない 예 会う 만나다	➡	会わない 만나지 않다	
Ⅱ그룹 동사 (상하1단 동사)	어간 + ない	見る 보다	➡	見ない 보지 않다	
		起きる 일어나다	➡	起きない 일어나지 않다	
		食べる 먹다	➡	食べない 먹지 않다	
		寝る 자다	➡	寝ない 자지 않다	
Ⅲ그룹 동사 (불규칙 동사)		来る 오다	➡	来ない 오지 않다	
		する 하다	➡	しない 하지 않다	

🔍 **단어** ---

明日(あした) 내일 ㅣ 学校(がっこう) 학교 ㅣ 少(すこ)しも 조금도 ㅣ 休(やす)む 쉬다 ㅣ アルバイト 아르바이트 ㅣ お酒(さけ) 술 ㅣ 約束(やくそく) 약속 ㅣ 忘(わす)れる 잊다 ㅣ 欠席(けっせき)する 결석하다 ㅣ 真面目(まじめ)だ 성실하다 ㅣ とても 매우 ㅣ おいしかった 맛있었다 ㅣ 良(よ)かった 좋았다

GRAMMAR

각 품사의 부정형(ない형)

1. 명사 + 〜では[じゃ]ない

学生では[じゃ]ない。　학생이 아니다.

恋人では[じゃ]ない。　애인이 아니다.

2. い형용사 어간 + 〜くない

難しくない。　어렵지 않다.

安くない。　싸지 않다.

3. な형용사(형용동사) 어간 + 〜では[じゃ]ない

有名では[じゃ]ない。　유명하지 않다.

静かでは[じゃ]ない。　조용하지 않다.

교육 관련

幼稚園(ようちえん) 유치원	幼稚園児(ようちえんじ) 유치원생
小学校(しょうがっこう) 초등학교	小学生(しょうがくせい) 초등학생
中学校(ちゅうがっこう) 중학교	中学生(ちゅうがくせい) 중학생
高等学校(こうとうがっこう) 고등학교	高校生(こうこうせい) 고등학생
大学(だいがく) 대학교	大学生(だいがくせい) 대학생
大学院(だいがくいん) 대학원	大学院生(だいがくいんせい) 대학원생

LET'S TALK

Ⅰ 다음 보기와 같이 연습해 보세요.

🎧 MP3 Lesson 17-2

| 보기 | 会う → 会わない

1 行く　　　　　2 話す　　　　　3 吸う

4 見る　　　　　5 来る　　　　　6 する

Ⅱ 다음 보기와 같이 연습해 보세요.

| 보기 |

A: お願いが あるんですけど。

B: え、何ですか。

A: 禁煙室ですから、ここで タバコを 吸わないで ください。

1

図書館 / ここで 寝る

2

これは 秘密 / 他の人に 話す

3

授業中 / いたずらを する

4

寒い / 窓を 開ける

🔍 단어 --

吸(す)う 피우다 ｜ お願(ねが)い 부탁 ｜ 〜けど 〜지만 ｜ 喫煙室(きつえんしつ) 금연실 ｜ タバコ 담배 ｜ 図書館(としょかん) 도서관 ｜
寝(ね)る 자다 ｜ 秘密(ひみつ) 비밀 ｜ 他(ほか)の人(ひと) 다른 사람 ｜ 授業中(じゅぎょうちゅう) 수업 중 ｜ いたずらをする 장난치다 ｜
寒(さむ)い 춥다 ｜ 窓(まど) 창문 ｜ 開(あ)ける 열다

Ⅲ 다음 보기와 같이 연습해 보세요.

> |보기|
>
> A: 学生時代（がくせいじだい）、真面目（まじめ）でしたか。
>
> B: はい、真面目（まじめ）でした。
>
> いいえ、真面目（まじめ）じゃありませんでした。

1

旅行（りょこう） / 楽（たの）しい / はい

2

料理（りょうり） / おいしい / はい

3

景色（けしき） / きれいだ / はい

4

店員（てんいん） / 親切（しんせつ）だ / いいえ

5

交通（こうつう） / 便利（べんり）だ / いいえ

🔍 단어 --

学生時代(がくせいじだい) 학생 시절 | 真面目(まじめ)だ 성실하다 | 旅行(りょこう) 여행 | 楽(たの)しい 즐겁다 | 料理(りょうり) 요리 |
おいしい 맛있다 | 景色(けしき) 경치 | きれいだ 예쁘다 | 店員(てんいん) 점원 | 親切(しんせつ)だ 친절하다 | 交通(こうつう) 교통 |
便利(べんり)だ 편리하다

EXERCISE

다음 빈칸에 알맞은 말을 넣어 보세요.

❶ 거짓말을 하지 마세요. (うそをつく)

うそ _____

❷ 여기에서 사진을 찍지 마세요. (写真を撮る)

ここで _____

❸ 여기에 차를 세우지 마세요. (車を止める)

ここに _____

❹ 수업에 늦지 마세요. (授業に遅れる)

授業に _____

❺ 너무 무리하지 마세요. (無理する)

あまり _____

 단어 -

うそをつく 거짓말을 하다 | 写真(しゃしん) 사진 | 撮(と)る 찍다 | 車(くるま) 차 | 止(と)める 세우다 | 授業(じゅぎょう) 수업 | 遅(おく)れる 늦다 | 無理(むり)する 무리하다

한자 연습

禁
금할 금

음독 きん　훈독 禁(きん)じる **금하다**　一 十 木 林 林 埜 埜 禁 禁

| 禁 | 禁 | 禁 | 禁 | 禁 | 禁 |

止
그칠 지

음독 し　훈독 止(と)める **멈추다** / 止(や)める **그만두다**　丨 卜 止 止

| 止 | 止 | 止 | 止 | 止 | 止 |

禁止
금 지

| 禁止 | 禁止 | 禁止 | 禁止 | 禁止 | 禁止 |

禁煙
금 연

| 禁煙 | 禁煙 | 禁煙 | 禁煙 | 禁煙 | 禁煙 |

停止
정 지

| 停止 | 停止 | 停止 | 停止 | 停止 | 停止 |

외래어 연습

タバコ 담배

| タバコ | タバコ | タバコ | タバコ |

パソコン 컴퓨터

| パソコン | パソコン | パソコン | パソコン |

サービス 서비스

| サービス | サービス | サービス | サービス |

FUN & TALK

여러분들이 에티켓 없는 이 사람들 말려 주세요.

すみません。〜ないでください。

会社を辞めないほうがいいですよ。
<ruby>会社<rt>かい しゃ</rt></ruby>を<ruby>辞<rt>や</rt></ruby>めないほうがいいですよ。

회사를 그만두지 않는 편이 좋아요.

표현 익히기 | 권유 표현 ～た ほうが いい / 금지 권유 표현 ～ない ほうが いい

💬 Dialogue

🎧 MP3 18-1

姜：田中さん、ちょっと 悩みが あるんですけど…。

田中：え、何ですか。

姜：このごろ 会社を 辞めたくて…。

田中：どうしてですか。

姜：仕事は きついし、給料は 少ないし…。

田中：でも 簡単に 会社を 辞めないほうが いいですよ。

　　　もっと 考えて 決めたほうが いいと 思います。

姜：それで 今晩 お酒でも 飲みながら

　　　田中さんの ご意見を 聞きたいんですが…。

田中：姜さん！ まさか お酒を 飲みに 行きたくて…。

姜：ハハ、ばれちゃいましたね。

강한척: 다나카 씨, 좀 고민이 있는데요.	다나카: 하지만 간단히 회사를 그만두지 않는 편이 좋아요.
다나카: 네? 뭔데요?	좀 더 생각하고 결정하는 편이 좋을 것 같아요.
강한척: 요즘 회사를 그만두고 싶어서.	강한척: 그래서 오늘 저녁에 술이라도 마시면서 다나카 씨의 고견을 듣고 싶습니다만.
다나카: 왜 그러세요?	다나카: 한척 씨! 설마 술을 마시러 가고 싶어서……
강한척: 일은 힘들고, 급료는 적고.	강한척: 하하, 들켜 버렸네요.

🔍 **단어** -

悩(なや)み 고민 | ある 있다 | ～けど ～(하)지만 | このごろ 요즘 | 辞(や)める 그만두다 | ～たい ～하고 싶다 | どうして 어째서, 왜 | 仕事(しごと) 일 | きつい 힘들다 | ～し ～(하)고 | 給料(きゅうりょう) 급료 | 少(すく)ない 적다 | でも 하지만 | 簡単(かんたん)に 간단히 | もっと 좀 더 | 考(かんが)える 생각하다 | 決(き)める 결정하다 | それで 그래서 | 今晩(こんばん) 오늘 밤 | ご意見(いけん) 고견(의견의 높임말) | 聞(き)く 듣다 | まさか 설마 | ばれる 들키다 | ～ちゃう ～하고 말다, ～해 버리다(～てしまう의 축약형)

GRAMMAR

1

～ないほうがいい

～(하)지 않는 편이 좋다

: 동사의 부정형(ない형)＋ほうが いい

タバコは 吸<small>す</small>わないほうが いいです。

あの 映画<small>えいが</small>は 見<small>み</small>ないほうが いいです。

あまり 無理<small>むり</small>しないほうが いいです。

2

～と思<small>おも</small>います

～라고 생각합니다

毎日<small>まいにち</small> こつこつ 勉強<small>べんきょう</small>したほうが いいと 思<small>おも</small>います。

恋人<small>こいびと</small>には 話<small>はな</small>さないほうが いいと 思<small>おも</small>います。

なるべく 欠席<small>けっせき</small>は しないほうが いいと 思<small>おも</small>います。

 단어 --

タバコ 담배 ｜ 吸(す)う 피우다 ｜ 映画(えいが) 영화 ｜ 無理(むり)する 무리하다 ｜ 毎日(まいにち) 매일 ｜ こつこつ 차근차근 ｜ 勉強 (べんきょう) 공부 ｜ 思(おも)う 생각하다 ｜ 恋人(こいびと) 연인 ｜ ～には ～에게는 ｜ 話(はな)す 말하다 ｜ なるべく 가능한 한 ｜ 欠席 (けっせき) 결석

3

〜たほうが いい

〜하는 편이 좋다
: 동사의 과거형(た형) + ほうが いい

バスより 地下鉄に 乗ったほうが いいです。

朝 早く 起きたほうが いいです。

毎日 規則的に 運動したほうが いいです。

4

〜てしまう[〜ちゃう]
〜でしまう[〜じゃう]

〜고 말다, 〜해 버리다

忘れちゃいました。(= てしまいました)

死んじゃいました。(= でしまいました)

遅刻しちゃったんです。(= てしまいました)

 단어 -

バス 버스 ┃ 〜より 〜보다 ┃ 地下鉄(ちかてつ)に乗(の)る 지하철을 타다 ┃ 朝(あさ) 아침 ┃ 早(はや)く 일찍 ┃ 起(お)きる 일어나다 ┃
規則的(きそくてき) 규칙적 ┃ 運動(うんどう)する 운동하다 ┃ 忘(わす)れる 잊다 ┃ 死(し)ぬ 죽다 ┃ 遅刻(ちこく)する 지각하다

LET'S TALK

Ⅰ 다음 보기와 같이 연습해 보세요.

| 보기 |

A: 結婚<small>（けっこん）</small>したほうが いいですか。しないほうが いいですか。

B: そうですね。私<small>（わたし）</small>は 結婚<small>（けっこん）</small>したほうが いいと 思<small>（おも）</small>います。

　そうですね。私<small>（わたし）</small>は 結婚<small>（けっこん）</small>しないほうが いいと 思<small>（おも）</small>います。

1

留学<small>（りゅうがく）</small>に 行<small>（い）</small>く

2

お酒<small>（さけ）</small>を 飲<small>（の）</small>む

3

就職<small>（しゅうしょく）</small>する

4

かさを 持<small>（も）</small>って いく

5

タクシーに 乗<small>（の）</small>る

 단어 --

結婚(けっこん)する 결혼하다 ｜ **留学(りゅうがく)** 유학 ｜ **就職(しゅうしょく)する** 취직하다 ｜ **かさ** 우산 ｜ **持(も)つ** 가지다 ｜ **タクシー に乗(の)る** 택시를 타다

Ⅱ 다음 보기와 같이 연습해 보세요.

| 보기 |

A: 頭が 痛いんですけど。

B: そうですか。
薬を 飲んだほうが いいですよ。

1　熱が あります / 今日は 運動を 休む
2　恋人と けんかした / 仲直りする
3　友達が 入院した / 早く お見舞いに 行く
4　疲れて 何も したくない / あまり 無理しない

Ⅲ 다음 보기와 같이 연습해 보세요.

| 보기 |

A: どうしたんですか。

B: 大事な お皿を わっちゃったんです。

1　会議に 遅れる　　　　　2　財布を 忘れる

3　試験に 落ちる　　　　　4　赤字になる

🔍 **단어** -

頭(あたま) 머리 | 痛(いた)い 아프다 | 薬(くすり)を飲(の)む 약을 먹다 | 熱(ねつ)がある 열이 있다 | けんかする 다투다 | 仲直(なかなお)り 화해 | 入院(にゅういん) 입원 | 早(はや)く 빨리 | お見舞(みま)い 병문안 | 疲(つか)れる 피곤하다 | 何(なに)も 아무것도 | 無理(むり)する 무리하다 | 大事(だいじ)だ 중요하다 | お皿(さら) 접시 | わる 깨다 | 遅(おく)れる 늦다 | 財布(さいふ) 지갑 | 忘(わす)れる 잊다, 잃다 | 試験(しけん)に落(お)ちる 시험에 떨어지다 | 赤字(あかじ)になる 적자가 되다

EXERCISE

다음 빈칸에 알맞은 말을 넣어 보세요.

❶ 약을 먹고 푹 쉬는 편이 좋습니다. (薬を飲む / ゆっくり休む)

<ruby>薬<rt>くすり</rt></ruby>を ＿＿＿＿＿＿＿＿＿＿＿＿＿＿＿、 ＿＿＿＿＿＿＿＿＿＿＿＿＿＿＿

❷ 운전면허를 따는 편이 좋습니다. (運転免許を 取る)

<ruby>運転免許<rt>うんてんめんきょ</rt></ruby>を ＿＿＿＿＿＿＿＿＿＿＿＿＿＿＿＿＿＿＿

❸ 무리한 다이어트는 하지 않는 편이 좋습니다. (ダイエット)

<ruby>無理<rt>むり</rt></ruby>な ＿＿＿＿＿＿＿＿＿＿＿＿＿＿＿＿＿＿＿

❹ 너무 기대하지 않는 편이 좋다고 생각합니다. (期待する)

あまり ＿＿＿＿＿＿＿＿＿＿＿＿＿＿＿＿＿＿＿

❺ 중요한 약속을 잊어버리고 말았습니다. (約束 / 忘れる)

<ruby>重要<rt>じゅうよう</rt></ruby>な ＿＿＿＿＿＿＿＿＿＿＿＿＿＿＿＿＿＿＿

🔍 단어

<ruby>薬<rt>くすり</rt></ruby>を<ruby>飲<rt>の</rt></ruby>む 약을 먹다 │ **ゆっくり** 천천히, 푹 │ **<ruby>休<rt>やす</rt></ruby>む** 쉬다 │ **<ruby>運転免許<rt>うんてんめんきょ</rt></ruby>** 운전면허 │ **<ruby>取<rt>と</rt></ruby>る** 취득하다, 잡다 │ **<ruby>無理<rt>むり</rt></ruby>だ** 무리이다 │ **ダイエット** 다이어트 │ **あまり** 너무, 그다지 │ **<ruby>期待<rt>きたい</rt></ruby>する** 기대하다 │ **<ruby>重要<rt>じゅうよう</rt></ruby>だ** 중요하다 │ **<ruby>約束<rt>やくそく</rt></ruby>** 약속 │ **<ruby>忘<rt>わす</rt></ruby>れる** 잊다

運
읽을 독

음독 うん　**훈독** 運(はこ)ぶ 운반하다　ノ ア 丌 丌 冃 盲 宣 軍 軍 運

| 運 | 運 | 運 | 運 | 運 | 運 |

転
구를 전

음독 てん　**훈독** 転(ころ)ぶ 넘어지다　一 ﾄ 亘 車 車 転 転

| 転 | 転 | 転 | 転 | 転 | 転 |

運転
운　전

| 運転 | 運転 | 運転 | 運転 | 運転 | 運転 |

運送
운　송

| 運送 | 運送 | 運送 | 運送 | 運送 | 運送 |

移転
이　전

| 移転 | 移転 | 移転 | 移転 | 移転 | 移転 |

コピー 복사

| コピー | コピー | コピー | コピー |

ファックス 팩스

| ファックス | ファックス | ファックス | ファックス |

プリンター 프린터

| プリンター | プリンター | プリンター | プリンター |

FUN & TALK

다음 그림을 보면서 이야기해 보세요.

～したほうが いいです。
～しないほうが いいです。

たばこを吸^すう
담배를 피우다

残業^{ざんぎょう}する
야근하다

勉強^{べんきょう}する
공부하다

散歩^{さんぽ}する
산책하다

<ruby>旅<rt>りょ</rt>行<rt>こう</rt></ruby>に<ruby>行<rt>い</rt></ruby>く

여행 가다

お<ruby>酒<rt>さけ</rt></ruby>を<ruby>飲<rt>の</rt></ruby>む

술을 마시다

ごみを<ruby>捨<rt>す</rt></ruby>てる

쓰레기를 버리다

<ruby>隣<rt>となり</rt></ruby>の<ruby>人<rt>ひと</rt></ruby>に<ruby>迷惑<rt>めいわく</rt></ruby>をかける

옆 사람에게 피해를 주다

<ruby>大声<rt>おおごえ</rt></ruby>で<ruby>話<rt>はな</rt></ruby>す

큰 소리로 말하다

カンニングする

커닝하다

정답

LESSON 01
<ruby>私<rt>わたし</rt></ruby>は<ruby>会社員<rt>かいしゃいん</rt></ruby>です。

Ⅰ

1 <ruby>私<rt>わたし</rt></ruby>は<ruby>学生<rt>がくせい</rt></ruby>です。 저는 학생입니다.

2 <ruby>私<rt>わたし</rt></ruby>は<ruby>会社員<rt>かいしゃいん</rt></ruby>です。 저는 회사원입니다.

3 <ruby>彼<rt>かれ</rt></ruby>は<ruby>歌手<rt>かしゅ</rt></ruby>です。 그는 가수입니다.

Ⅱ

1 <ruby>山田<rt>やまだ</rt></ruby>さんは<ruby>日本人<rt>にほんじん</rt></ruby>です。 야마다 씨는 일본인입니다.

2 <ruby>王<rt>ワン</rt></ruby>さんは<ruby>中国人<rt>ちゅうごくじん</rt></ruby>です。 왕 씨는 중국인입니다.

3 スミスさんはアメリカ<ruby>人<rt>じん</rt></ruby>です。
스미스 씨는 미국인입니다.

Ⅲ

1 **A:** <ruby>彼<rt>かれ</rt></ruby>は<ruby>学生<rt>がくせい</rt></ruby>ですか。 그는 학생입니까?

B: はい、<ruby>学生<rt>がくせい</rt></ruby>です。 네, 학생입니다.

2 **A:** <ruby>彼<rt>かれ</rt></ruby>はピアニストですか。 그는 피아니스트입니까?

B: いいえ、ピアニストではありません。
아니요, 피아니스트가 아닙니다.

3 **A:** <ruby>彼<rt>かれ</rt></ruby>は<ruby>歌手<rt>かしゅ</rt></ruby>ですか。 그는 가수입니까?

B: はい、<ruby>歌手<rt>かしゅ</rt></ruby>です。 네, 가수입니다.

4 **A:** <ruby>彼女<rt>かのじょ</rt></ruby>は<ruby>先生<rt>せんせい</rt></ruby>ですか。 그녀는 선생님입니까?

B: いいえ、<ruby>先生<rt>せんせい</rt></ruby>ではありません。
아뇨, 선생님이 아닙니다.

5 **A:** <ruby>彼女<rt>かのじょ</rt></ruby>は<ruby>日本人<rt>にほんじん</rt></ruby>ですか。 그녀는 일본인입니까?

B: はい、<ruby>日本人<rt>にほんじん</rt></ruby>です。 네, 일본인입니다.

1 はじめまして。

2 どうぞよろしく お<ruby>願<rt>ねが</rt></ruby>いします。

3 <ruby>私<rt>わたし</rt></ruby>は<ruby>学生<rt>がくせい</rt></ruby>です。

4 <ruby>彼<rt>かれ</rt></ruby>は<ruby>会社員<rt>かいしゃいん</rt></ruby>ではありません。

5 <ruby>中国人<rt>ちゅうごくじん</rt></ruby>ですか。

LESSON 02
それはだれの<ruby>本<rt>ほん</rt></ruby>ですか。

Ⅰ

1 **A:** この<ruby>帽子<rt>ぼうし</rt></ruby>は<ruby>金<rt>キム</rt></ruby>さんのですか。
이 모자는 김 씨의 것입니까?

B: はい、<ruby>金<rt>キム</rt></ruby>さんのです。
네, 김 씨의 것입니다.

2 **A:** このボールペンは<ruby>金<rt>キム</rt></ruby>さんのですか。
이 볼펜은 김 씨의 것입니까?

B: いいえ、<ruby>金<rt>キム</rt></ruby>さんのではありません。
아뇨, 김 씨의 것이 아닙니다.

3 **A:** その<ruby>時計<rt>とけい</rt></ruby>は<ruby>山田<rt>やまだ</rt></ruby>さんのですか。
그 시계는 야마다 씨의 것입니까?

B: いいえ、<ruby>山田<rt>やまだ</rt></ruby>さんのではありません。
아뇨, 야마다 씨의 것이 아닙니다.

4 **A:** そのめがねは<ruby>山田<rt>やまだ</rt></ruby>さんのですか。
그 안경은 야마다 씨의 것입니까?

B: はい、<ruby>山田<rt>やまだ</rt></ruby>さんのです。
네, 야마다 씨의 것입니다.

5 **A:** あの<ruby>車<rt>くるま</rt></ruby>は<ruby>先生<rt>せんせい</rt></ruby>のですか。
저 차는 선생님의 것입니까?

B: いいえ、<ruby>先生<rt>せんせい</rt></ruby>のではありません。
아뇨, 선생님의 것이 아닙니다.

Ⅱ

1 **A:** これはだれの本ですか。

이것은 누구의 책입니까?

B: それは先生の本です。

그것은 선생님의 책입니다.

2 **A:** これはだれのケータイですか。

이것은 누구의 휴대전화입니까?

B: それは友達のケータイです。

그것은 친구의 휴대전화입니다.

3 **A:** それはだれのカメラですか。

그것은 누구의 카메라입니까?

B: これは私のカメラです。

이것은 나의 카메라입니다.

4 **A:** それはだれの写真ですか。

그것은 누구의 사진입니까?

B: これはナさんの写真です。

이것은 나 씨의 사진입니다.

5 **A:** あれはだれのくつですか。

저것은 누구의 구두입니까?

B: あれは金さんのくつです。

저것은 김 씨의 구두입니다.

EXERCISE

1 これは私のかばんです。

2 それは山田さんのボールペンです。

3 あれは日本の雑誌です。

4 この車は会社のです。

5 そのケータイは私のではありません。

6 あのくつは先生のです。

LESSON 03

会社は何時から何時までですか。

LET'S TALK

Ⅰ

1 **A:** すみません、今何時ですか。

죄송합니다만, 지금 몇 시입니까?

B: 4時20分です。　4시 20분입니다.

2 **A:** すみません、今何時ですか。

죄송합니다만, 지금 몇 시입니까?

B: 7時30分です。　7시 30분입니다.

3 **A:** すみません、今何時ですか。

죄송합니다만, 지금 몇 시입니까?

B: 9時50分です。　9시 50분입니다.

4 **A:** すみません、今何時ですか。

죄송합니다만, 지금 몇 시입니까?

B: 10時15分です。　10시 15분입니다.

5 **A:** すみません、今何時ですか。

죄송합니다만, 지금 몇 시입니까?

B: 12時40分です。　12시 40분입니다.

Ⅱ

1 **A:** 会社は何時から何時までですか。

회사는 몇 시부터 몇 시까지입니까?

B: 会社は午前9時から午後6時までです。

회사는 오전 9시부터 오후 6시까지입니다.

2 **A:** 銀行は何時から何時までですか。

은행은 몇 시부터 몇 시까지입니까?

B: 銀行は午前9時から午後4時までです。

은행은 오전 9시부터 오후 4시까지입니다.

3 **A:** デパートは何時から何時までですか。

백화점은 몇 시부터 몇 시까지입니까?

B: デパートは午前10時半から午後7時半までです。

백화점은 오전 10시 반부터 오후 7시 반까지입니다.

4 **A:** 病院は何時から何時までですか。

병원은 몇 시부터 몇 시까지입니까?

B: 病院は午前10時から午後7時までです。　병원은 오전 10시부터 오후 7시까지입니다.

5 **A:** レストランは<ruby>何時<rt>なんじ</rt></ruby>から<ruby>何時<rt>なんじ</rt></ruby>までですか。

레스토랑은 몇 시부터 몇 시까지입니까?

B: レストランは<ruby>午前<rt>ごぜん</rt></ruby>11<ruby>時<rt>じゅういちじ</rt></ruby>から<ruby>午後<rt>ごご</rt></ruby>10<ruby>時<rt>じ</rt></ruby>までです。

레스토랑은 오전 11시부터 오후 10시까지입니다.

EXERCISE

1 <ruby>日本語<rt>にほんご</rt></ruby>の<ruby>授業<rt>じゅぎょう</rt></ruby>は7<ruby>時<rt>しちじ</rt></ruby>から8<ruby>時<rt>はちじ</rt></ruby>までです。

2 <ruby>昼休<rt>ひるやす</rt></ruby>みは12<ruby>時<rt>じゅうにじ</rt></ruby>から1<ruby>時<rt>いちじ</rt></ruby>までです。

3 <ruby>会議<rt>かいぎ</rt></ruby>は<ruby>午前<rt>ごぜん</rt></ruby>10<ruby>時<rt>じゅうじ</rt></ruby>から12<ruby>時<rt>じゅうにじ</rt></ruby>までです。

4 アルバイトは<ruby>午後<rt>ごご</rt></ruby>6<ruby>時<rt>ろくじ</rt></ruby>から11<ruby>時<rt>じゅういちじ</rt></ruby>までです。

5 <ruby>美容院<rt>びょういん</rt></ruby>は<ruby>午前<rt>ごぜん</rt></ruby>10<ruby>時<rt>じゅうじ</rt></ruby>から<ruby>午後<rt>ごご</rt></ruby>9<ruby>時<rt>くじ</rt></ruby>までです。

LESSON 04

うどんはいくらですか。

LET'S TALK

Ⅰ

1 **A:** ワイシャツはいくらですか。

와이셔츠는 얼마입니까?

B: 4<ruby>万<rt>よんまん</rt></ruby>5<ruby>千<rt>ご せん</rt></ruby>ウォンです。 4만5천 원입니다.

2 **A:** かばんはいくらですか。

가방은 얼마입니까?

B: 27<ruby>万<rt>にじゅうななまん</rt></ruby>ウォンです。 27만 원입니다.

3 **A:** ノートブックはいくらですか。

노트북은 얼마입니까?

B: 189<ruby>万<rt>ひゃくはちじゅうきゅうまん</rt></ruby>ウォンです。 189만 원입니다.

Ⅱ

1 **A:** りんごはいくらですか。

사과는 얼마입니까?

B: <ruby>二<rt>ふた</rt></ruby>つで5,000<ruby>ウォン<rt>ごせん</rt></ruby>です。

두 개에 5,000원입니다.

2 **A:** なしはいくらですか。

배는 얼마입니까?

B: <ruby>三<rt>みっ</rt></ruby>つで10,000ウォンです。

세 개에 10,000원입니다.

3 **A:** ももはいくらですか。

복숭아는 얼마입니까?

B: <ruby>四<rt>よっ</rt></ruby>つで6,000<ruby>ウォン<rt>ろくせん</rt></ruby>です。

네 개에 6,000원입니다.

Ⅲ

1 **A:** コーヒーはいくらですか。

커피는 얼마입니까?

B: カフェラッテは200<ruby>円<rt>にひゃく えん</rt></ruby>で、カプチーノは250<ruby>円<rt>にひゃくごじゅうえん</rt></ruby>です。

카페라떼는 200엔이고, 카푸치노는 250엔입니다.

2 **A:** おさけはいくらですか。

술은 얼마입니까?

B: ビールは500<ruby>円<rt>ごひゃく えん</rt></ruby>で、ワインは1,400<ruby>円<rt>せんよんひゃく えん</rt></ruby>です。 맥주는 500엔이고, 와인은 1,400엔입니다.

3 **A:** <ruby>人形<rt>にんぎょう</rt></ruby>はいくらですか。

인형은 얼마입니까?

B: トトロは6,000<ruby>円<rt>ろくせん えん</rt></ruby>で、キティーは3,500<ruby>円<rt>さんぜんごひゃく えん</rt></ruby>です。

토토로는 6,000엔이고 키티는 3,500엔입니다.

4 **A:** パスタはいくらですか。

파스타는 얼마입니까?

B: クリームソースは1,260<ruby>円<rt>せんにひゃくろくじゅうえん</rt></ruby>で、ミートソースは980<ruby>円<rt>きゅうひゃくはちじゅうえん</rt></ruby>です。

크림소스는 1,260엔이고 미트소스는 980엔입니다.

EXERCISE

1 デジタルカメラはいくらですか。

2 <ruby>全部<rt>ぜんぶ</rt></ruby>でいくらですか。

3 りんごは<ruby>三<rt>みっ</rt></ruby>つで5,000<ruby>ウォン<rt>ごせん</rt></ruby>です。

4 トーストは2,500<ruby>ウォン<rt>にせんごひゃく</rt></ruby>で、サンドイッチは3,000<ruby>ウォン<rt>さんぜん</rt></ruby>です。

5 コーヒーとチーズケーキ<ruby>一<rt>ひと</rt></ruby>つください。

LESSON 05
お誕生日はいつですか。

LET'S TALK

Ⅰ

1 **A:** 1日は何曜日ですか。 1일은 무슨 요일입니까?

 B: 木曜日です。 목요일입니다.

2 **A:** 9日は何曜日ですか。 9일은 무슨 요일입니까?

 B: 金曜日です。 금요일입니다.

3 **A:** 14日は何曜日ですか。 14일은 무슨 요일입니까?

 B: 水曜日です。 수요일입니다.

4 **A:** 19日は何曜日ですか。 19일은 무슨 요일입니까?

 B: 月曜日です。 월요일입니다.

5 **A:** 24日は何曜日ですか。 24일은 무슨 요일입니까?

 B: 土曜日です。 토요일입니다.

6 **A:** 27日は何曜日ですか。 27일은 무슨 요일입니까?

 B: 火曜日です。 화요일입니다.

Ⅱ

1 **A:** 何月何日ですか。 몇 월 며칠입니까?

 B: いちがつとおかです。 1월 10일입니다.

2 **A:** 何月何日ですか。 몇 월 며칠입니까?

 B: さんがつみっかです。 3월 3일입니다.

3 **A:** 何月何日ですか。 몇 월 며칠입니까?

 B: ごがつようかです。 5월 8일입니다.

4 **A:** 何月何日ですか。 몇 월 며칠입니까?

 B: はちがつじゅうごにちです。 8월 15일입니다.

5 **A:** 何月何日ですか。 몇 월 며칠입니까?

 B: じゅうにがつにじゅうよっかです。
 12월 24일입니다.

EXERCISE

1 明日は何曜日ですか。

2 来週の月曜日は何日ですか。

3 先生のお誕生日はいつですか。

4 何月生まれですか。

5 今日は山田さんのお誕生日じゃありませんか。

LESSON 06
日本語は易しくて面白いです。

LET'S TALK

Ⅰ

1 **A:** このカメラは大きいですか。

 이 카메라는 큽니까?

 B: いいえ、大きくありません。小さいです。

 아뇨, 크지 않습니다. 작습니다.

2 **A:** 部屋は広いですか。

 방은 넓습니까?

 B: いいえ、広くありません。狭いです。

 아뇨, 넓지 않습니다. 좁습니다.

3 **A:** 夏は寒いですか。

 여름은 춥습니까?

 B: いいえ、寒くありません。暑いです。

 아뇨, 춥지 않습니다. 덥습니다.

4 **A:** キムチは甘いですか。

 김치는 답니까?

 B: いいえ、甘くありません。辛いです。

 아뇨, 달지 않습니다. 맵습니다.

5 **A:** この車は新しいですか。

 이 차는 새것입니까?

 B: いいえ、新しくありません。古いです。

 아뇨, 새것이 아닙니다. 낡았습니다.

1 **A:** どんな先生ですか。 어떤 선생님입니까?

　B: 優しくて面白い先生です。
　상냥하고 재미있는 선생님입니다.

2 **A:** どんなかばんですか。 어떤 가방입니까?

　B: 小さくてかわいいかばんです。
　작고 예쁜 가방입니다.

3 **A:** どんなコーヒーですか。 어떤 커피입니까?

　B: 熱くておいしいコーヒーです。
　뜨겁고 맛있는 커피입니다.

4 **A:** どんな店ですか。 어떤 가게입니까?

　B: 新しくて広い店です。
　새롭고 넓은 가게입니다.

5 **A:** どんな天気ですか。 어떤 날씨입니까?

　B: 暖かくていい天気です。
　따뜻하고 좋은 날씨입니다.

EXERCISE

1 日本語は易しくて面白いです。

2 冷たいビールください。

3 このケータイは小さくて軽いです。

4 この店のラーメンは安くておいしいです。

5 これは甘くておいしいケーキです。

LESSON 07
賑やかで有名な町です。

LET'S TALK

I

1 **A:** 中村さんはハンサムですか。
　나카무라 씨는 잘생겼습니까?

　B: はい、ハンサムです。 네, 잘생겼습니다.

2 **A:** 金さんは親切ですか。 김 씨는 친절합니까?

　B: はい、親切です。 네, 친절합니다.

3 **A:** ダンスが上手ですか。 춤을 잘 춥니까?

　B: はい、上手です。 네, 잘 춥니다.

4 **A:** この車はきれいですか。 이 차는 깨끗합니까?

　B: いいえ、きれいではありません。
　아뇨, 깨끗하지 않습니다.

5 **A:** 町は静かですか。 거리는 조용합니까?

　B: いいえ、静かではありません。
　아뇨, 조용하지 않습니다.

II

1 **A:** どんな人ですか。 어떤 사람입니까?

　B: ハンサムでリッチな人です。
　잘생기고 부자인 사람입니다.

2 **A:** どんな学生ですか。 어떤 학생입니까?

　B: 元気で真面目な学生です。
　활발하고 성실한 학생입니다.

3 **A:** どんなモデルですか。 어떤 모델입니까?

　B: スリムできれいなモデルです。
　날씬하고 예쁜 모델입니다.

4 **A:** どんな仕事ですか。 어떤 일입니까?

　B: 簡単で楽な仕事です。
　간단하고 편한 일입니다.

5 **A:** どんな先生ですか。 어떤 선생님입니까?

　B: 親切ですてきな先生です。
　친절하고 멋진 선생님입니다.

EXERCISE

1 交通は便利ですか。

2 教室は静かでは[じゃ]ありません。

3 山田さんは真面目な人です。

4 彼女はスリムできれいです。

5 丈夫ですてきな車です。

LESSON 08
どんな音楽が好きですか。

LET'S TALK

Ⅰ

1 **A:** 日本語と英語とどちらが上手ですか。
일본어와 영어하고 어느 쪽을 잘하세요?

 B: 日本語のほうが上手です。
일본어를 더 잘합니다.

2 **A:** バスと地下鉄とどちらが便利ですか。
버스와 지하철하고 어느 쪽이 편리합니까?

 B: 地下鉄のほうが便利です。
지하철이 더 편리합니다.

3 **A:** お金と健康とどちらが大切ですか。
돈과 건강하고 어느 쪽이 중요합니까?

 B: 健康のほうが大切です。 건강이 더 중요합니다.

4 **A:** 恋人と友だちとどちらがいいですか。
애인과 친구하고 어느 쪽이 좋습니까?

 B: 恋人のほうがいいです。 애인이 더 좋습니다.

5 **A:** 家族と仕事とどちらが重要ですか。
가족과 일하고 어느 쪽이 중요합니까?

 B: 家族のほうが重要です。 가족이 더 중요합니다.

Ⅱ

1 **A:** 果物の中で何が一番好きですか。
과일 중에서 무엇을 가장 좋아하세요?

 B: みかんが一番好きです。 귤을 가장 좋아합니다

2 **A:** 歌手の中でだれが一番好きですか。
가수 중에서 누구를 가장 좋아하세요?

 B: BOAが一番好きです。 BOA를 가장 좋아합니다.

3 **A:** 四季の中でいつが一番好きですか。
사계절 중에서 언제를 가장 좋아하세요?

 B: 冬が一番好きです。 겨울을 가장 좋아합니다.

4 **A:** 韓国の山の中でどこが一番好きですか。
한국산 중에서 어느 곳을 가장 좋아하세요?

 B: ソラク山が一番好きです。
설악산을 가장 좋아합니다.

5 **A:** コーヒーと紅茶とコーラの中でどれが
一番好きですか。
커피와 홍차와 콜라 중에서 어느 것을 가장 좋아하세요?

 B: コーヒーが一番好きです。
커피를 가장 좋아합니다.

EXERCISE

1 どんな人が好きですか。

2 ソウルと東京とどちらが大きいですか。

3 英語より日本語のほうが上手です。

4 季節の中で春が一番好きです。

5 スポーツの中でサッカーが一番好きです。

LESSON 09
クラスに学生は何人いますか。

LET'S TALK

Ⅰ

1 **A:** 本はどこにありますか。 책은 어디에 있습니까?

 B: 本は机の上にあります。
책은 책상 위에 있습니다.

2 **A:** 財布はどこにありますか。
지갑은 어디에 있습니까?

 B: 財布はかばんの中にあります。
지갑은 가방 안에 있습니다.

3 **A:** 雑誌はどこにありますか。
잡지는 어디에 있습니까?

 B: ソファーの下にあります。
소파 아래에 있습니다.

4 **A:** 山田さんはどこにいますか。
야마다 씨는 어디에 있습니까?

 B: 田中さんの隣にいます。 다나카 씨 옆에 있습니다.

5 **A:** 猫^{ねこ}はどこにいますか。 고양이는 어디에 있습니까?

B: カンさんの前^{まえ}にいます。 강씨의 앞에 있습니다.

Ⅱ

1 **A:** 銀行^{ぎんこう}はどこにありますか。

은행은 어디에 있습니까?

B: 銀行^{ぎんこう}は会社^{かいしゃ}の隣^{となり}にあります。

은행은 회사 옆에 있습니다.

2 **A:** デパートはどこにありますか。

백화점은 어디에 있습니까?

B: デパートは郵便局^{ゆうびんきょく}の前^{まえ}にあります。

백화점은 우체국 앞에 있습니다.

3 **A:** コンビニはどこにありますか。

편의점은 어디에 있습니까?

B: コンビニは郵便局^{ゆうびんきょく}の近^{ちか}くにあります。

편의점은 우체국 근처에 있습니다.

4 **A:** 郵便局^{ゆうびんきょく}はどこにありますか。

우체국은 어디에 있습니까?

B: 郵便局^{ゆうびんきょく}はデパートの後^{うし}ろにあります。

우체국은 백화점 뒤에 있습니다.

5 **A:** 本屋^{ほんや}はどこにありますか。

서점은 어디에 있습니까?

B: 本屋^{ほんや}は銀行^{ぎんこう}の向^むかいにあります。

서점은 은행 맞은편에 있습니다.

Ⅲ

1 **A:** 女^{おんな}の子^こは何人^{なんにん}いますか。

여자아이는 몇 명 있습니까?

B: 女^{おんな}の子^こは三人^{さんにん}います。 여자아이는 세 명 있습니다.

2 **A:** 男^{おとこ}の子^こは何人^{なんにん}いますか。

남자아이는 몇 명 있습니까?

B: 男^{おとこ}の子^こは五人^{ごにん}います。 남자아이는 5명 있습니다.

3 **A:** 日本人^{にほんじん}は何人^{なんにん}いますか。

일본인은 몇 명 있습니까?

B: 日本人^{にほんじん}は二人^{ふたり}います。 일본인은 두 명 있습니다.

4 **A:** 子供^{こども}は何人^{なんにん}いますか。 아이는 몇 명 있습니까?

B: 子供^{こども}は一人^{ひとり}もいません。 아이는 한 명도 없습니다.

216

1 かばんは机^{つくえ}の上^{うえ}にあります。

2 銀行^{ぎんこう}は会社^{かいしゃ}の前^{まえ}にあります。

3 日本人^{にほんじん}の友達^{ともだち}がいます。

4 家^{いえ}にかわいい子犬^{こいぬ}がいます。

5 今日^{きょう}は仕事^{しごと}がありません。

6 部屋^{へや}に猫^{ねこ}はいません。

LESSON 10

暇^{ひま}な時^{とき}、何^{なに}をしますか。

LET'S TALK

Ⅰ

1 **A:** 学校^{がっこう}に行^いきますか。 학교에 갑니까?

B: はい、学校^{がっこう}に行^いきます。 네, 학교에 갑니다.

2 **A:** コーヒーを飲^のみますか。 커피를 마십니까?

B: いいえ、コーヒーを飲^のみません。

아뇨, 커피를 마시지 않습니다.

3 **A:** 日本語^{にほんご}で話^{はな}しますか。 일본어로 이야기합니까?

B: はい、日本語^{にほんご}で話^{はな}します。

네, 일본어로 이야기합니다.

4 **A:** 朝早^{あさはや}く起^おきますか。

아침 일찍 일어납니까?

B: いいえ、朝早^{あさはや}く起^おきません。

아뇨, 아침 일찍 일어나지 않습니다.

5 **A:** 運転^{うんてん}をしますか。 운전을 합니까?

B: はい、運転^{うんてん}をします。 네, 운전을 합니다.

Ⅱ

1 **A:** 昨日^{きのう}早^{はや}く家^{いえ}に帰^{かえ}りましたか。

어제 일찍 집에 돌아갔습니까?

B: はい、早く家に帰りました。

네, 일찍 집에 돌아왔습니다.

2 A: 昨日飲み屋へ行きましたか。

어제 술집에 갔습니까?

B: いいえ、飲み屋へ行きませんでした。

아뇨, 술집에 가지 않았습니다.

3 A: 昨日映画を見ましたか。

어제 영화를 보았습니까?

B: はい、映画を見ました。

네, 영화를 보았습니다.

4 A: 昨日デートをしましたか。

어제 데이트를 했습니까?

B: はい、デートをしました。

네, 데이트를 했습니다.

5 A: 昨日友達は来ましたか。

어제 친구는 왔습니까?

B: いいえ、友達は来ませんでした。

아뇨, 친구는 오지 않았습니다.

EXERCISE

1 日本に行きます。

2 日本語で話します。

3 お酒は飲みません。

4 友達に会いました。

5 勉強をしませんでした。

LESSON 11
今度の週末に遊びに行きませんか。

LET'S TALK

I

1 A: 明日いっしょにスキーに行きませんか。

내일 같이 스키 타러 가지 않을래요?

B: いいですね。では明日。

좋아요. 그럼, 내일 봐요.

2 A: 明日いっしょにドライブに行きません
か。 내일 같이 드라이브하러 가지 않을래요?

B: いいですね。では明日。

3 A: 明日いっしょに映画を見に行きません
か。 내일 같이 영화 보러 가지 않을래요?

B: いいですね。では明日。

4 A: 明日いっしょにお酒を飲みに行きませ
んか。 내일 같이 술 마시러 가지 않을래요?

B: いいですね。では明日。

5 A: 明日いっしょに泳ぎに行きませんか。

내일 같이 수영하러 가지 않을래요?

B: いいですね。では明日。

II

1 A: 何か飲みましょうか。

뭔가 마실래요?

B: いいですね。じゃ、ビールを飲みまし
ょう。 좋아요. 그럼, 맥주를 마십시다.

2 A: 何か食べましょうか。

뭔가 먹을래요?

B: いいですね。じゃ、おすしを食べまし
ょう。 좋아요. 그럼, 스시를 먹어요.

3 A: どこかショッピングに行きましょうか。

어디 쇼핑하러 갈래요?

B: いいですね。じゃ、明洞へ行きましょ
う。 좋아요. 그럼, 명동에 가요.

4 A: どこか遊びに行きましょうか。

어디 놀러 안 갈래요?

B: いいですね。じゃ、ドリームランドに
行きましょう。 좋아요. 그럼, 드림랜드에 가요.

EXERCISE

1 食事に行きませんか。

2 一生懸命勉強しましょう。

3 お茶でも飲みましょうか。

4 あのレストランは料理もおいしいし、サービスもいいです。

5 あのデパートは交通も便利だし、品物も多いです。

LESSON 12
おいしい冷麺が食べたいです。

I

1 **A:** 日本語で話したいですか。
일본어로 이야기하고 싶습니까?

　　B: はい、日本語で話したいです。
네, 일본어로 이야기하고 싶습니다.

　　いいえ、日本語で話したくないです。
아니요, 일본어로 이야기하고 싶지 않습니다.

2 **A:** 友達と遊びたいですか。
친구와 놀고 싶습니까?

　　B: はい、友達と遊びたいです。
네, 친구와 놀고 싶습니다.

　　いいえ、友達と遊びたくないです。
아니요, 친구와 놀고 싶지 않습니다.

3 **A:** 早く家に帰りたいですか。
빨리 집에 돌아가고 싶습니까?

　　B: はい、早く家に帰りたいです。
네, 빨리 집에 돌아가고 싶습니다.

　　いいえ、早く家に帰りたくないです。
아니요, 빨리 집에 돌아가고 싶지 않습니다.

4 **A:** 恋人と別れたいですか。
애인과 헤어지고 싶습니까?

　　B: はい、別れたいです。　예, 헤어지고 싶습니다.

　　いいえ、別れたくないです。
아뇨, 헤어지고 싶지 않습니다.

5 **A:** 残業したいですか。　야근하고 싶습니까?

　　B: はい、残業したいです。
예, 야근하고 싶습니다.

　　いいえ、残業したくないです。
아뇨, 야근하고 싶지 않습니다.

II

1 **A:** 今何が一番ほしいですか。
지금 가장 무엇을 갖고 싶습니까?

　　B: デジカメが一番ほしいです。
저는 디지털카메라를 가장 갖고 싶습니다.

2 **A:** 今何が一番食べたいですか。
지금 무엇을 가장 먹고 싶어요?

　　B: ケーキが一番食べたいです。
케이크가 가장 먹고 싶어요.

3 **A:** 今何が一番飲みたいですか。
지금 무엇을 가장 마시고 싶어요?

　　B: ビールが一番飲みたいです。
맥주를 가장 마시고 싶어요.

4 **A:** どこへ一番行きたいですか。
어디에 가장 가고 싶어요?

　　B: ヨーロッパに一番行きたいです。
유럽에 가장 가고 싶어요.

1 いい会社に就職したいです。

2 彼女と会いたいです。

3 今日は何もしたくありません。

4 最新型のケータイがほしいです。

5 立派な先生になりたいです。

LESSON 13
地下鉄駅まで歩いて行きます。

LET'S TALK

Ⅰ

1 **A:** これから何をしますか。
이제부터 무엇을 할 거예요?

B: 地下鉄に乗って会社に行きます。
지하철을 타고 회사에 갈 거예요.

2 **A:** これから何をしますか。

B: コーヒーを飲んで仕事を始めます。
커피를 마시고 일을 시작할 거예요.

3 **A:** これから何をしますか。

B: 友達に会って食事をします。
친구를 만나 식사를 할 거예요.

4 **A:** これから何をしますか。

B: 家に帰ってシャワーを浴びます。
집에 가서 샤워를 할 거예요.

5 **A:** これから何をしますか。

B: シャワーを浴びて寝ます。
샤워를 하고 잘 거예요.

Ⅱ

1 すみません。授業中ですから、ちょっと静かにしてください。
죄송합니다만, 수업중이니까 조용히 해주세요.

2 すみません。高いですから、ちょっと安くしてください。
죄송합니다만, 비싸니까 싸게 해주세요.

3 すみません。忙しいですから、ちょっと手伝ってください。
죄송합니다만, 바쁘지까 좀 도와주세요.

4 すみません。分からないですから、ちょっと教えてください。
죄송합니다만, 이해가 안되니까 좀 가르쳐 주세요.

5 すみません。よく聞こえないですから、ちょっと大きい声で言ってください。
죄송합니다만, 잘 들리지 않으니까, 좀 큰 소리로 말씀 주세요.

Ⅲ

1 **A:** 音楽を聞きながら何をしますか。
음악을 들으면서 무엇을 하나요?

B: 音楽を聞きながら勉強します。
음악을 들으면서 공부합니다.

2 **A:** 歌を歌いながら何をしますか。
노래를 부르면서 무엇을 하나요?

B: 歌を歌いながら踊りを踊ります。
노래를 부르면서 춤을 춥니다.

3 **A:** コーヒーを飲みながら何をしますか。
커피를 마시면서 무엇을 하나요?

B: コーヒーを飲みながら新聞を読みます。
커피를 마시면서 신문을 읽습니다.

4 **A:** 本を見ながら何をしますか。
책을 보면서 무엇을 합니까?

B: 本を見ながら料理をします。
책을 보면서 요리를 합니다.

5 **A:** ポップコーンを食べながら何をしますか。 팝콘을 먹으면서 무엇을 합니까?

B: ポップコーンを食べながら映画を見ます。 팝콘을 먹으면서 영화를 봅니다.

EXERCISE

1 図書館へ行って勉強します。

2 電話して予約をします。

3 メールを送ってください。

4 今早く来てください。

5 コーラを飲みながらピザを食べます。

LESSON 14
山田さんはオークションを知っていますか。

LET'S TALK

I

1 A: 今何をしていますか。 지금 무엇을 하고 있습니까?

B: 友達と話しています。 친구와 이야기하고 있습니다.

2 A: 今何をしていますか。

B: 歌を歌っています。 노래를 부르고 있습니다.

3 A: 今何をしていますか。

B: 本を読んでいます。 책을 읽고 있습니다.

4 A: 今何をしていますか。

B: 仕事をしています。 일을 하고 있습니다.

5 A: 今何をしていますか。

B: デートをしています。 데이트를 하고 있습니다.

II

1 A: 金さんはどの人ですか。 김씨는 누구입니까?

B: 眼鏡をかけている人です。
안경을 끼고 있는 사람입니다.

2 A: 中村さんはどの人ですか。
나카무라 씨는 누구입니까?

B: ミニスカートをはいている人です。
미니스커트를 입고 있는 사람입니다.

3 A: 田中さんはどの人ですか。
다나카 씨는 누구입니까?

B: 帽子をかぶっている人です。
모자를 쓰고 있는 사람입니다.

4 A: 吉田さんはどの人ですか。
요시다 씨는 누구입니까?

B: ジュースを飲んでいる人です。
주스를 마시고 있는 사람입니다.

5 A: 鈴木さんはどの人ですか。
스즈키 씨는 누구입니까?

B: 笑っている人です。
웃고 있는 사람입니다.

III

1 A: 失礼ですが、中村さんのお仕事は?
실례합니다만, 나카무라 씨의 일은?

B: 銀行に勤めています。 은행에 근무하고 있습니다.

2 A: 失礼ですが、金さんのお仕事は?
실례합니다만, 야마다 씨의 일은?

B: 商社に勤めています。 상사에 근무하고 있습니다.

3 A: 失礼ですが、田中さんのお仕事は?
실례합니다만, 다나카 씨의 일은?

B: 郵便局に勤めています。
우체국에 근무하고 있습니다.

4 A: 失礼ですが、朴さんのお仕事は?
실례합니다만, 박 씨의 일은?

B: 病院に勤めています。 병원에 근무하고 있습니다.

EXERCISE

1 日本語を習っています。

2 映画を見ています。

3 雪が降っています。

4 病院に勤めています。

5 運転している人は山田さんです。

LESSON 15
妹さんは田中さんに似ていますか。

LET'S TALK

I

1 A: ご家族は何人ですか。/

何人家族ですか。 가족(분)은 몇 명이세요?

B: 母と父と私、３人家族です。
어머니와 아버지, 저, 3명입니다.

2 A: ご家族は何人ですか。/
何人家族ですか。

B: 父と母と弟と私、４人家族です。
아버지와 어머니, 남동생과 저, 4명입니다.

3 A: ご家族は何人ですか。/
何人家族ですか。

B: 祖父と祖母と父と母と兄と私、６人家族です。
할아버지, 할머니, 아버지, 어머니, 형과 저, 6명입니다.

4 A: ご家族は何人ですか。/
何人家族ですか。

B: 両親と姉と妹と私、５人家族です。
부모님과 누나 여동생, 저, 5명입니다.

Ⅱ

1 A: 金さんはだれに似ていますか。
김 씨는 누구를 닮았습니까?

B: 父に似ています。 아버지를 닮았습니다.

2 A: 田中さんはだれに似ていますか。
다나카 씨는 누구를 닮았습니까?

B: 兄に似ています。 형을 닮았습니다.

3 A: 朴さんはだれに似ていますか。
박 씨는 누구를 닮았습니까?

B: 姉に似ています。 누나를 닮았습니다.

4 A: 中村さんはだれに似ていますか。
나카무라 씨는 누구를 닮았습니까?

B: だれにも似ていません。
아무도 닮지 않았습니다.

Ⅲ

1 A: 失礼ですが、お父さんはおいくつですか。 실례합니다만, 아버지는 몇 살이세요?

B: 父は６３歳です。 아버지는 63세입니다.

2 A: 失礼ですが、お兄さんはおいくつですか。 실례합니다만, 형님은 몇 살이세요?

B: 兄は３４歳です。 형은 34세입니다.

3 A: 失礼ですが、弟さんはおいくつですか。
실례합니다만, 남동생은 몇 살이에요?

B: 弟は２７歳です。 남동생은 27세입니다.

4 A: 失礼ですが、妹さんはおいくつですか。
실례합니다만, 여동생은 몇 살이에요?

B: 妹は２４歳です。 여동생은 24세입니다.

EXERCISE

1 家族は何人ですか。/ 何人家族ですか。

2 失礼ですが、おいくつですか。

3 山田さんはだれに似ていますか。

4 私は母に似ています。

5 弟はまだ結婚していません。

LESSON 16
お見合をしたことがありますか。

LET'S TALK

Ⅰ

1 A: 日本のドラマを見たことがありますか。
일본 드라마를 본 적이 있습니까?

B: はい、見たことがあります。
네, 본 적이 있습니다.

いいえ、見たことがありません。
아뇨, 본 적이 없습니다.

2 A: 納豆を食べたことがありますか。
낫토를 먹은 적이 있습니까?

B: はい、食べたことがあります。
네, 먹은 적이 있습니다.

いいえ、食べたことがありません。
아뇨, 먹은 적이 없습니다.

3　A: 病院に入院したことがありますか。
　　　병원에 입원한 적이 있습니까?

　　B: はい、入院したことがあります。
　　　네, 입원한 적이 있습니다.

　　　いいえ、入院したことがありません。
　　　아뇨, 입원한 적이 없습니다.

4　A: カンニングしたことがありますか。
　　　커닝을 한 적이 있습니까?

　　B: はい、カンニングしたことがあります。
　　　네, 커닝한 적이 있습니다.

　　　いいえ、カンニングしたことがありません。　아뇨, 커닝한 적이 없습니다.

5　A: 電車の中で居眠りしたことがあります
　　　か。　전철에서 졸았던 적이 있습니까?

　　B: はい、居眠りしたことがあります。
　　　네, 졸았던 적이 있습니다.

　　　いいえ、居眠りしたことがありません。
　　　아뇨, 졸았던 적이 없습니다.

Ⅱ

1　A: 飛行機に乗ったことがありますか。
　　　비행기를 탄적이 있습니까?

　　B: いいえ、飛行機に乗ったことはありま
　　　せんが、船に乗ったことはあります。
　　　아니요, 비행기를 탄 적은 없습니다만, 배를 탄 적은 있습니다.

2　A: 東京に行ったことがありますか。
　　　도쿄에간적이 있습니까?

　　B: いいえ、東京に行ったことはありませ
　　　んが、大阪に行ったことはあります。
　　　아니요, 도쿄에간 일은 없습니다만, 오사카는간 적이 있습니다.

3　A: 日本人とデートしたことがありますか。
　　　일본인과 데이트한 적이 있습니까?

　　B: いいえ、日本人とデートしたことはあ
　　　りませんが、インターネットでチャッ
　　　トしたことはあります。
　　　아니요, 일본인과 데이트한 적은 없습니다만, 인터넷으로 채팅한 적은
　　　있습니다.

4　A: 授業に欠席したことがありますか。
　　　수업에 결석한 적이 있습니까?

　　B: いいえ、授業に欠席したことはありま
　　　せんが、遅刻したことはあります。
　　　아니요, 수업에 결석한 적은 없습니다만, 지각한 일은 있습니다.

5　A: 焼酎を飲んだことがありますか。
　　　소주를 마신 적이 있습니까?

　　B: いいえ、焼酎を飲んだことはありませ
　　　んが、ビールを飲んだことはあります。
　　　아니요, 소주를 마신 적은 없습니다만, 맥주를 마신 적은 있습니다.

EXERCISE

1　日本の小説を読んだことがあります。

2　入学試験に落ちたことがあります。

3　重要な約束を忘れたことがあります。

4　一度も日本に行ったことがありません。

5　一度も欠席したことがありません。

LESSON 17
あまり詳しく聞かないでください。

LET'S TALK

Ⅰ

1　行く →行かない

2　話す →話さない

3　吸う →吸わない

4　見る →見ない

5　来る →来ない

6　する →しない

Ⅱ

1　A: お願いがあるんですけど。　부탁이 있는데요.

　　B: え、何ですか。　네, 뭔데요?

　　A: 図書館ですから、ここで寝ないでくだ
　　　さい。　도서관이니까 여기서 자지 마세요.

2 **A:** お願いがあるんですけど。

B: え、何ですか。

A: これは秘密ですから、他の人に話さないでください。
이것은 비밀이니까 다른 사람에게 이야기하지 마세요.

3 **A:** お願いがあるんですけど。

B: え、何ですか。

A: 授業中ですから、いたずらをしないでください。 수업 중이므로 장난치지 마세요.

4 **A:** お願いがあるんですけど。

B: え、何ですか。

A: 寒いですから、窓を開けないでください。 추우니까 창문을 열지 마세요.

III

1 **A:** 旅行は楽しかったですか。
여행은 즐거웠나요?

B: はい、楽しかったです。
네, 즐거웠어요.

2 **A:** 料理はおいしかったですか。
요리는 맛있었나요?

B: はい、おいしかったです。
네, 맛있었어요.

3 **A:** 景色はきれいでしたか。 경치는 아름다웠나요?

B: はい、きれいでした。 네, 아름다웠어요.

4 **A:** 店員は親切でしたか。 점원은 친절했나요?

B: いいえ、親切じゃありませんでした。
아뇨, 친절하지 않았어요.

5 **A:** 交通は便利でしたか。 교통은 편리했나요?

B: いいえ、便利じゃありませんでした。
아뇨, 편리하지 않았어요.

EXERCISE

1 うそをつかないでください。

2 ここで写真を撮らないでください。

3 ここに車を止めないでください。

4 授業に遅れないでください。

5 あまり無理しないでください。

LESSON 18
会社を辞めないほうがいいですよ。

LET'S TALK

I

1 **A:** 留学に行ったほうがいいですか。行かないほうがいいですか。
유학가는 편이 좋아요? 가지 않는 편이 좋아요?

B: そうですね。私は留学に行ったほうがいいと思います。
글쎄요. 저는 유학가는 편이 좋다고 생각해요.

そうですね。私は留学に行かないほうがいいと思います。
글쎄요. 저는 유학 가지 않는 편이 좋다고 생각해요.

2 **A:** お酒を飲んだほうがいいですか。飲まないほうがいいですか。
술을 마시는 편이 좋아요? 마시지 않는 편이 좋아요?

B: そうですね。私はお酒を飲んだほうがいいと思います。
글쎄요. 저는 술을 마시는 편이 좋다고 생각해요.

そうですね。私はお酒を飲まないほうがいいと思います。
글쎄요. 저는 술을 마시지 않는 편이 좋다고 생각해요.

3 **A:** 就職したほうがいいですか。しないほうがいいですか。
취직하는 편이 좋아요? 하지 않는 편이 좋아요?

B: そうですね。私は就職したほうがいいと思います。
글쎄요. 저는 취직하는 편이 좋다고 생각해요.

そうですね。私は就職しないほうがいいと思います。

글쎄요. 저는 취직하지 않는 편이 좋다고 생각해요.

4 A: かさを持っていったほうがいいですか。持っていかないほうがいいですか。

우산을 가져가는 편이 좋아요? 가져가지 않는 편이 좋아요?

B: そうですね。私は持っていったほうがいいと思います。

글쎄요. 저는 가져가는 편이 좋다고 생각해요.

そうですね。私は持っていかないほうがいいと思います。

글쎄요. 저는 가져가지 않는 편이 좋다고 생각해요.

5 A: タクシーに乗ったほうがいいですか。乗らないほうがいいですか。

택시를 타는 편이 좋아요? 타지 않는 편이 좋아요?

B: そうですね。私はタクシーに乗ったほうがいいと思います。

글쎄요. 저는 택시를 타는 편이 좋다고 생각해요.

そうですね。私はタクシーに乗らないほうがいいと思います。

글쎄요. 저는 택시를 타지 않는 편이 좋다고 생각해요.

II

1 A: 熱がありますけど。 열이 있는데요.

B: そうですか。今日は運動を休んだほうがいいですよ。 그래요? 오늘은 운동을 쉬는 게 좋겠어요.

2 A: 恋人とけんかしたんですけど。

애인과 다퉜는데요.

B: そうですか。仲直りしたほうがいいですよ。 그래요? 화해하는 편이 좋겠어요.

3 A: 友達が入院したんですけど。

친구가 입원했어요.

B: そうですか。早くお見舞いに行ったほうがいいですよ。 그래요? 빨리 문병가는 편이 좋겠어요.

4 A: 疲れて何もしたくないんですけど。

피곤해서 아무것도 하고 싶지 않은데요.

B: そうですか。あまり無理しないほうがいいですよ。 그래요? 너무 무리하지 않는 편이 좋겠어요.

III

1 A: どうしたんですか。 왜 그래요?

B: 会議に遅れちゃったんです。

회의에 늦고 말았어요.

2 A: どうしたんですか。

B: 財布を忘れちゃったんです。

지갑을 잃어버렸어요.

3 A: どうしたんですか。

B: 試験に落ちちゃったんです。

시험에 떨어지고 말았어요.

4 A: どうしたんですか。

B: 赤字になっちゃったんです。

적자가 돼 버렸어요.

EXERCISE

1 薬を飲んでゆっくり休んだほうがいいです。

2 運転免許を取ったほうがいいです。

3 無理なダイエットはしないほうがいいです。

4 あまり期待しないほうがいいです。

5 重要な約束を忘れちゃいました[忘れてしまいました]。